BATTLE

주 의

• 이 책은 공룡뿐만 아니라
익룡, 어룡, 수장룡, 파충류의 생태와
독특한 생존법을 소개하는 것이 목적이다.

• 이 책의 배틀 장면은
공룡과 여러 생물의 특징과 능력을 활용하여
가상으로 꾸민 것이다.

• 배틀 과정을 실감 나게 전달하기 위해
생생하게 표현한 생물들의 대결 그림으로 인해
간혹 공포를 느낄 수 있으므로 주의한다.

정상결전 끝판왕 공룡배틀

최강왕 결정전

頂上決戦！恐竜最強王決定戦
<CHOJO KESSEN! KYORYU SAIKYOOU KETTEISEN>

일러스트 아이마 타로(ELOOP), 아오히토, 괴인 후쿠후쿠, 가와사키 사토시, 정신암흑가 코우,
나나미 루시아, 난바 키비, 니시무라 코타, 야마자키 타로
디자인 시바 토모유키
사진 제공 Amanaimages, aflo, Getty Images
편집 협력 세토오도비스

BATTLE
최강왕
30

정상결전 끝판왕
공룡배틀
최강왕 결정전

2026년 1월 5일 초판 1쇄 펴냄

편저 · Creatures Journey **옮김** · 고경옥
펴낸이 · 이성호 **펴낸곳** · (주)글송이
편집/디자인 · 이유미, 오영인, 임주용
마케팅 · 이성갑, 윤정명, 이현정, 문현곤, 이동준
경영지원 · 최진수, 이인석, 진승현

출판 등록 · 2012년 8월 8일 제 2012-000169호 **주소** · 서울시 서초구 능안말 1길 1(내곡동)
전화 · 578-1560~1 **팩스** · 578-1562 **이메일** · gsibook01@naver.com

ISBN 979-11-7018-663-2 74080
979-11-7018-656-4 (세트)

*잘못 만들어진 책은 바꾸어 드립니다.

BATTLE 최강왕 30

정상결전

끝판왕 공룡배틀

Creatures Journey 편저, 고경옥 옮김

최강왕 결정전

괴력의 공룡들이 펼치는 치열한 토너먼트!

★최강★ 출전 생물 48종

글송이

지구를 지배했던 공룡의 분류

조반류

*골반 형태가 새의 골반과 닮았다. 대체로 초식성이다. 다만 현재의 새는 조반류가 아니라 용반류에서 진화했다.

장순류

다른 생물의 공격으로부터 몸을 보호하기 위해 피부나 뼈가 발달했다. 갑옷 같은 피부를 가진 곡룡류와 날카로운 가시가 돋은 검룡류로 분류된다.

스테고사우루스

조각류

딱딱한 식물을 먹어 턱과 이빨이 발달했다. 초기에는 두 발로 걸었으나 네 발로 진화했다. 육식 공룡으로부터 도망치기 위해 달리는 능력이 발달했다.

이구아노돈

주식두류

단단한 머리를 가진 후두류와 뿔이 달린 각룡류로 나뉜다. 포식자의 공격을 방어하기 위해 진화한 신체적 특징을 지녔다.

트리케라톱스

*골반: 엉덩이와 허리 주변을 지탱하는 뼈

약 2억 2500만 년 전에 지구에 나타난 공룡은 이후 1억 년 이상에 걸쳐 생물 최상위 포식자로 군림했다. 이들은 생김새가 매우 다양하며 생태도 제각기 다르다. 여기서는 그런 공룡들을 분류해 소개한다.

용반류

골반이 전통적 파충류와 닮은 구조를 하고 있다. 현재 알려진 육식 공룡은 대부분 용반류에 속한다.

수각류

뒷다리가 발달해 두 발로 이동하며 사냥감을 쫓고, 강력한 턱과 날카로운 이빨로 사냥한다. 대부분 육식이지만 일부는 잡식·초식으로 거대하게 진화했다.

티라노사우루스

용각류

대부분 초식성이다. 초기에는 두 발로 걸었지만, 목과 꼬리가 발달해 엄청나게 커지면서 네 발로 걷게 되었다. 머리가 작다.

브라키오사우루스

공룡과 같은 시대에 살았던

다른 생물

공룡이 살았던 시대에는 공룡 외에도 강하고 특별한 생물이 존재했다. 이들 역시 배틀에 참가한다!

익룡

프테라노돈 등

어룡

템노돈토사우루스 등

수장룡

엘라스모사우루스 등

그 외 파충류

데이노수쿠스 등

1억 6000만 년을 이어 온 공룡 시대

공룡이 살았던

고생대	트라이아스기 2억 5190만 년 전	쥐라기 2억 130만 년 전
여러 대륙이 존재했으며, 대륙이 이어지기 시작했다.	대륙 대부분이 하나로 연결되었다.	북쪽과 남쪽으로 대륙이 나뉘었다.

트라이아스기

전기 다양한 파충류가 번성했다.

중기 다리가 몸 아래로 뻗는 형태로 진화한 집단이 나타났다. 이것이 공룡의 기원이다. 소형이고 민첩한 종이 많았다.

코엘로피시스

후기 육식·초식 공룡 일부 계통에서 대형화가 시작되었다.

헤레라사우루스

쥐라기

전기 파충류와 포유류의 수가 줄고 육지에서는 수각류, 바다에서는 어룡이 세력을 넓혔다.

템노돈토사우루스

중기 여러 주요 공룡 계통이 다양화했다. 특히 용각류가 크게 번성했다.

아파토사우루스

후기 온난한 기후 아래 거대화가 두드러지고 본격적인 공룡 시대가 시작되었다.

알로사우루스

스테고사우루스

지구의 역사는 크게 선캄브리아 시대, 고생대, 중생대, 신생대로 나뉜다. 공룡이 살았던 중생대는 3개의 시대로 나뉘며, 그 기간은 약 1억 6000만 년이다. 참고로 *현생 인류의 역사는 약 20만 년에 불과하다.

중생대

백악기 1억 4500만 년 전	신생대 6600만 년 전
대륙이 분열하기 시작해 후기에는 현재에 가까운 대륙 지도가 형성되었다.	현재와 거의 비슷한 대륙 지도

백악기

전기 수각류의 종류가 다양해졌다. 조반류의 수도 많아졌다. 일부 지역에서 용각류는 감소했지만, 살아남은 계통은 더 거대해졌다. 어룡은 점사 쇠퇴했다.

후기 대륙별로 독자적 생태계가 형성되며 경쟁이 치열해졌다. 해양에는 거대 파충류가 번성했고, 하늘에서는 익룡이 활발했으며, 초기 조류가 다양한 형태로 진화했다.

*현생 인류: 현재 생존하고 있는 인류와 같은 종에 속하는 인류

정상 결전!

공룡 최강왕 결정전 개최

공룡을 현대로 불러오다!

1억 6000만 년이라는 오랫동안 지구 생물의 정상에 군림했던 공룡은 6600만 년 전에 모습을 감췄다. 그 후로 많은 생물이 탄생하고 멸종했지만, 공룡을 능가하는 생물은 아직 나타나지 않았다. 그야말로 역사상 최강의 생물인 셈이다. 공룡은 종류에 따라 다양한 특징과 강점을 지닌다. 이들이 직접 대결하면 어떤 일이 벌어질까? 그 답을 찾기 위해 이 책에서는 생존했던 시대와 환경을 뛰어넘어 모든 공룡을 현대로 불러들였다. 역사에 새겨지지 않은 새로운 이야기의 막이 오른다. 이 싸움에서 승리하는 공룡이야말로 '지구 역사상 최강 생물'의 칭호를 얻게 된다!

선발된 48마리 생물이 모이다!

다양한 그룹으로 분류된 공룡은 몸의 크기와 구조, 생태 등 여러 면에서 차이가 크다. 몸길이가 약 30cm인 에오시놉테릭스부터 30m가 넘는 아르젠티노사우루스까지 그 범위가 매우 넓다. 커다란 생물이라고 해서 반드시 강한 것은 아니다. 날카로운 이빨과 발톱 같은 무기, 달리는 속도와 점프력, 동료와의 연합 전술에 따라 작은 생물이 큰 생물을 이기기도 한다. 큰 생물은 크기에서 비롯된 강점과 약점이, 작은 생물은 체격에서 비롯된 강점과 약점이 있다. 이 책에서는 크기와 특징이 다양한 대표적 생물 48마리가 '공룡 최강왕 결정전'의 출전권을 얻었다. 불꽃 튀는 이 싸움에서 눈을 뗄 수 없을 것이다!

출전 생물의 생태!

이번 대회에는 공룡 외에도 같은 시대를 살았던 익룡과 어룡, 수장룡, 그리고 기타 파충류도 참가한다. 오랜 시간 생존해 온 생물들인 만큼 저마다의 생태는 다양하다. 공룡을 포함한 고대 생물은 수수께끼로 둘러싸인 부분도 적지 않지만, 발견된 화석을 통해 생김새와 습성이 날로 밝혀지고 있다. 그 데이터를 바탕으로 한 공룡들의 전투 기술과 배틀 전개는 '공룡 최강왕 결정전'만의 재미가 될 것이다. 상상을 뛰어넘는 배틀을 통해 공룡의 특성을 알아갈 수 있다는 점 또한 이 책의 큰 매력이다!

※생물의 명칭이나 생태 등에 관해서는 여러 설이 존재한다. 이 책에서는 가장 일반적이라고 추정되는 내용을 소개한다.

공룡 최강왕의 자리를 노려라!

출전한 48마리 생물 중 대형인 16마리는 시드 출전 생물로 2회전부터 등장한다. 1회전부터 출전하는 생물은 정상에 오르기까지 여섯 경기에서 모두 이겨야 한다. 대회는 총 47경기로 치러지며, 무승부는 인정하지 않는다. 모든 배틀은 승부가 완전히 날 때까지 계속된다. 전투 실력과 전략, 상대와의 궁합에서 우세하고 행운까지 따라줘야 다음 경기로 올라갈 수 있다.

가상 배틀의 무대는 현대!

서식 시기와 환경이 서로 다르기 때문에 대회는 현대 지구를 무대로 한 전용 경기장에서 진행된다. 경기장은 47번의 배틀마다 모두 다르며, 인간의 활동 구역도 포함되지만 그곳에 인간은 존재하지 않는다. 경기장의 특성이 배틀 전개에 큰 영향을 미치므로 전략의 중요성도 크다. 또한 기후와 지형, 싸우는 시간대가 배틀마다 달라 결과를 예측하기가 매우 어렵다.

패하면 탈락하는 최강왕 결정전!

출전 생물 01 » 16

데이노니쿠스

센트로사우루스

템노돈토사우루스

리오플레우로돈

헤레라사우루스

롱기스쿠아마

트리케라톱스

파솔라수쿠스

타르보사우루스

→P38

오로드로메우스

→P39

이구아노돈

→P42

코엘로피시스

→P43

바리오닉스

→P46

켄트로사우루스

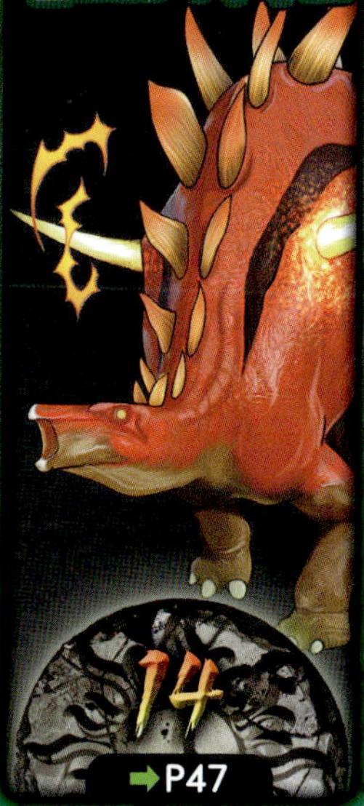

→P47

프테라노돈

→P50

벨로키랍토르

→P51

출전 생물 17 » 32

스테고사우루스

기간토랍토르

사이카니아

카르노타우루스

파라사우롤로푸스

사우로펠타

에오시놉테릭스

루곱스

민미

25

→P74

유티라누스

26

→P75

안킬로사우루스

27

→P78

나자쉬

28

→P79

케찰코아틀루스

29

→P82

파키케팔로사우루스

30

→P83

에오랍토르

31

→P86

아마르가사우루스

32

→P87

알로사우루스

33

→P92

스피노사우루스

34

→P93

데이노케이루스

35

→P98

아파토사우루스

36

→P99

토르보사우루스

37

→P104

기가노토사우루스

38

→P105

모사사우루스

39

→P110

엘라스모사우루스

40

→P111

33~48번은 시드권 출전 선수로 2회전부터 등장!

아람보우르기아니아

41 →P120

티라노사우루스

42 →P121

아크로칸토사우루스

43 →P126

아르젠티노사우루스

44 →P127

테리지노사우루스

45 →P132

데이노수쿠스

46 →P133

브라키오사우루스

47 →P138

카르카로돈토사우루스

48 →P139

배틀의 6가지 규칙

1 배틀의 원칙은 1 대 1

선수는 단독으로 싸우는 것이 원칙이지만 집단행동 습성이 있는 생물이나 특별한 사정이 있는 선수는 복수 참전이 인정된다. 동료가 남아 있더라도 싸움의 주체인 선수가 쓰러지는 즉시 실격 처리한다.

2 경기장 환경을 활용한다

나무·식물·돌·물 등 자연물을 무기로 사용할 수 있다. 건물이나 차량 등 인공 환경을 이용한 전투 방식도 인정된다. 다만 다른 생물을 의도적으로 배틀에 개입시키는 행위는 금지된다.

3 배틀은 승부가 결정될 때까지

상대가 배틀을 계속할 수 없게 되면 승패가 결정된다. 경기장을 벗어나 돌아오지 않으면 경기를 포기한 것으로 간주한다. 양쪽이 전투 불능 상태가 되면, 의식이 있는 쪽이 승리한다. 무승부는 없다.

4 부상은 회복한 뒤 참가한다

모든 배틀에서 실력을 충분히 발휘할 수 있도록, 이전 경기에서 입은 부상은 완전히 회복된다. 경기 도중 체력 회복을 위해 잠시 대피하는 것도 인정된다. 다만 경기 중 회복은 완전하지 않다.

더 궁금한 이야기

진화의 비밀! 발굴 보고서

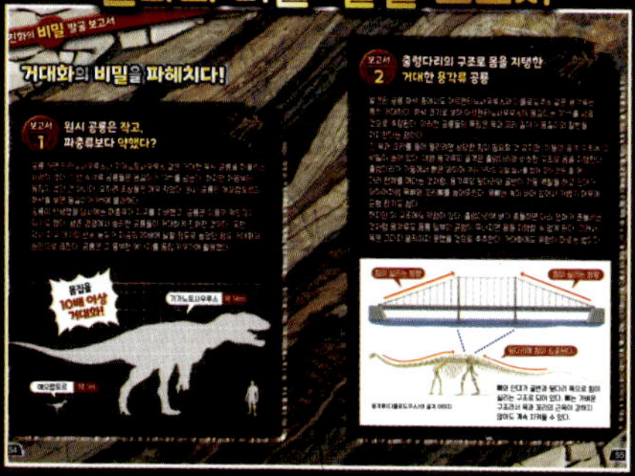

공룡의 생태에 관하여 최신 연구에서 밝혀진 사실을 소개한다.

공룡의 무기를 파헤치다!

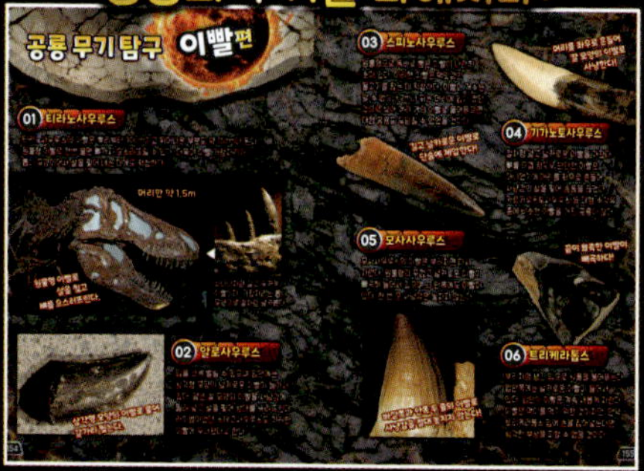

생존 경쟁에서 살아남은 공룡들의 이빨과 발톱의 위력을 낱낱이 파헤친다.

5 배틀의 무대는 가상 전투장

배틀은 현대 지구를 무대로 펼쳐진다. 47번의 배틀은 각기 다른 경기장에서 진행된다. 산이나 강, 바다와 초원 같은 자연환경은 물론, 도시·관광지·시설물 등 인간이 생활하는 공간도 무대로 사용된다.

산림과 산악 지대

높은 산과 화산, 정글, 빙하 지대 등 험난한 자연환경을 견디는 능력이 필요하다.

바다·강 등 물가와 수중

물가와 해변, 바닷속 등 물 환경에 대한 적응력이 필요하다. 육지 생물의 전술도 볼거리다.

도로와 건축물이 있는 곳

공룡이 경험한 적 없는 인공물이 있는 장소에서는 예상치 못한 전개가 펼쳐진다.

인간의 활동 영역

공원·학교·상점가 등 인간에게 편리한 장소는 거대한 생물에게는 오히려 위험이 된다.

6 우승자의 영예

패하면 탈락하는 토너먼트 방식이다.
마지막까지 살아남은 생물에게만 '최강왕'의 자리가 주어진다.

알로사우루스
데이노니쿠스
센트로사우루스
템노돈토사우루스
리오플레우로돈
스피노사우루스
데이노케이루스
헤레라사우루스
롱기스쿠아마
트리케라톱스
파솔라수쿠스
아파토사우루스
토르보사우루스
타르보사우루스
오로드로메우스
이구아노돈
코엘로피시스
기가노토사우루스
모사사우루스
바리오닉스
켄트로사우루스
프테라노돈
벨로키랍토르
엘라스모사우루스

1회전 배틀 1 ➡P24
1회전 배틀 2 ➡P28
1회전 배틀 3 ➡P32
1회전 배틀 4 ➡P36
1회전 배틀 5 ➡P40
1회전 배틀 6 ➡P44
1회전 배틀 7 ➡P48
1회전 배틀 8 ➡P52

2회전 배틀 1 ➡P94
2회전 배틀 2 ➡P96
2회전 배틀 3 ➡P100
2회전 배틀 4 ➡P102
2회전 배틀 5 ➡P106
2회전 배틀 6 ➡P108
2회전 배틀 7 ➡P112
2회전 배틀 8 ➡P114

3회전 배틀 1 ➡P146
3회전 배틀 2 ➡P148
3회전 배틀 3 ➡P150
3회전 배틀 4 ➡P152

준준결승 배틀 1 ➡P168
준준결승 배틀 2 ➡P170

준결승 배틀 1 ➡P178

정상을

결

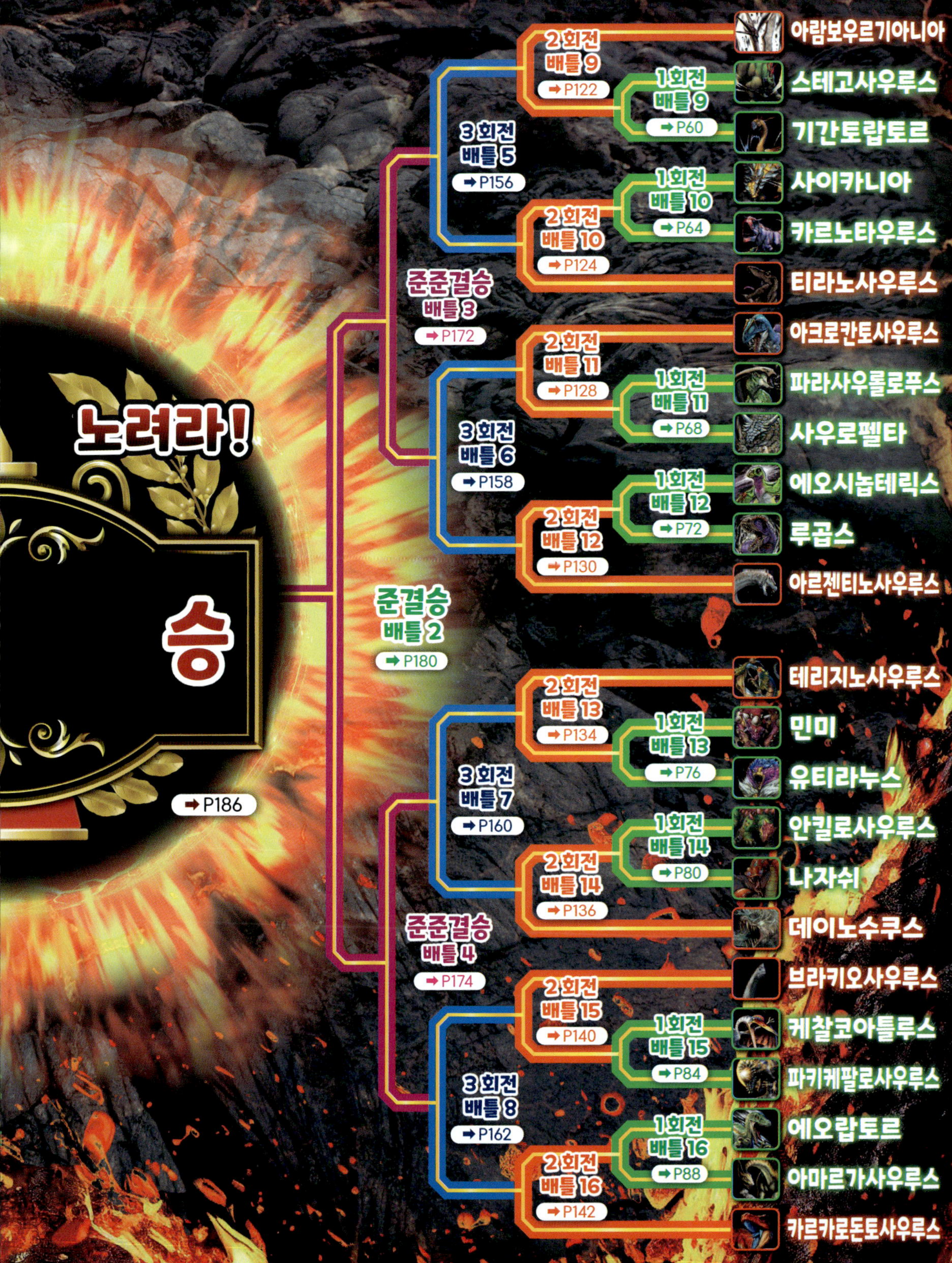
노려라!
승
➡P186
준결승
배틀 2
➡P180
준준결승
배틀 3
➡P172
3회전
배틀 5
➡P156
2회전
배틀 9
➡P122
1회전
배틀 9
➡P60
1회전
배틀 10
➡P64
2회전
배틀 10
➡P124
3회전
배틀 6
➡P158
2회전
배틀 11
➡P128
1회전
배틀 11
➡P68
1회전
배틀 12
➡P72
2회전
배틀 12
➡P130
준준결승
배틀 4
➡P174
3회전
배틀 7
➡P160
2회전
배틀 13
➡P134
1회전
배틀 13
➡P76
1회전
배틀 14
➡P80
2회전
배틀 14
➡P136
3회전
배틀 8
➡P162
2회전
배틀 15
➡P140
1회전
배틀 15
➡P84
1회전
배틀 16
➡P88
2회전
배틀 16
➡P142
아람보우르기아니아
스테고사우루스
기간토랍토르
사이카니아
카르노타우루스
티라노사우루스
아크로칸토사우루스
파라사우롤로푸스
사우로펠타
에오시놉테릭스
루곱스
아르젠티노사우루스
테리지노사우루스
민미
유티라누스
안킬로사우루스
나자쉬
데이노수쿠스
브라키오사우루스
케찰코아틀루스
파키케팔로사우루스
에오랍토르
아마르가사우루스
카르카로돈토사우루스

이 책의 본문 구성

출전 선수 소개

능력치
5개의 능력을 5단계로 나타낸다.

- ▶ **공격력** 상대에게 타격을 입히는 종합 능력
- ▶ **방어력** 공격을 튕겨 내거나 피하는 능력
- ▶ **체력** 몸의 근력 · 힘의 세기
- ▶ **스피드** 동작의 빠르기 · 이동 속도
- ▶ **기술력** 특별한 공격 방법, 다양한 공격 방법

생물의 이름

생물의 크기

배틀 유형 주요 공격이나 방어 기술. 레벨은 C→B→A→S 순서로 강력하다. ?는 미지수.

필살기의 이름과 설명

생물 설명

배틀 장면

토너먼트 배틀 순서
1회전, 2회전, 3회전, 준준결승, 준결승, 결승으로 각 배틀의 순서를 표시한다.

배틀의 관전 포인트

배틀 결과

배틀 참가 선수명

생태 등 간략 설명

배틀 장면

데이노니쿠스
VS
P24
센트로사우루스
템노돈토사우루스
VS
P28
리오플레우로돈
헤레라사우루스
VS
P32
롱기스쿠아마
트리케라톱스
VS
P36
파솔라수쿠스
타르보사우루스
VS
P40
오로드로메우스
이구아노돈
VS
P44
코엘로피시스
바리오닉스
VS
P48
켄트로사우루스
배틀 시작!
1회전
총 16
배틀
프테라노돈
VS
P52
벨로키랍토르
스테고사우루스
VS
P60
기간토랍토르
사이카니아
VS
P64
카르노타우루스
파라사우롤로푸스
VS
P68
사우로펠타
에오시놉테릭스
VS
P72
루곱스
민미
VS
P76
유티라누스
안킬로사우루스
VS
P80
나자쉬
케찰코아틀루스
VS
P84
파키케팔로사우루스
에오랍토르
VS
P88
아마르가사우루스

공룡

01 데이노니쿠스

공룡 정보	▶몸길이: 약 3m	▶몸무게: 약 100kg

배틀 기술

갈고리발톱 공격	A
물어뜯기	B
빠른 발 방어	A

필살기

하이 점프 발차기

높이 점프해 낫 모양 발톱으로 깊숙이 찌른다.

화려한 연속 발차기 공격

단단한 꼬리로 균형을 잡으며 민첩하게 움직인다. 매우 높이 점프할 수 있어 적의 공격이 스치지도 못한다. 면도날처럼 날카로운 이빨 공격이 위협적이며 더욱 위험한 것은 뒷발에 달린 갈고리발톱이다. 점프 발차기로 상대의 배와 목 등의 급소를 날카롭게 공격한다.

공룡

02 센트로사우루스

공룡 정보	▸몸길이: 약 6m	▸몸무게: 약 2.5t

배틀 기술

기술	등급
뿔 공격	A
프릴 스파이크	B
철벽 방어	A

필살기

합동 공격

적을 궁지에 몰아넣고 동료와 함께 들이받는다.

대집단으로 맞서는 거대 외뿔 공룡

같은 장소에서 수천 마리의 화석이 발견되는 것으로 보아 집단으로 생활했을 것이다. 뾰족하고 거대한 뿔로 격렬하게 싸워 세력권을 지킨다. 방어력이 뛰어난 프릴(주름장식)에는 좌우로 2개씩 가시가 돋아 있어 완벽한 무장을 갖췄다. 육식 공룡도 이들 집단 앞에서는 도망치고 만다.

1회전

무서운 기세로 돌진하는 뿔 공격을 피할 수 있을까?

배틀 1 데이노니쿠스 VS 센트로사우루스

강둑 근처

※데이노니쿠스는 날지 못하지만 높이 점프할 수 있다.

1 데이노니쿠스의 점프 발차기를 프릴로 가볍게 막아 내는 센트로사우루스! 데이노니쿠스를 들이받아 날려 버립니다.

2 센트로사우루스는 강둑 위를 구르는 데이노니쿠스를 향해 힘차게 돌진합니다!

3
데이노니쿠스는 고속 점프로 간신히 몸을 피하지만,
또다른 센트로사우루스 한 마리가 돌진해 오는군요!
스스스슥
피융
스슥
※센트로사우루스는 여러 마리가
함께 행동한다.
※데이노니쿠스 뒷다리의
갈고리발톱은 달릴 때는
아래쪽을 향하고 발로
찰 때는 위를 향한다.
4
데이노니쿠스는 공격을 피하며 센트로사우루스의
배를 갈고리발톱으로 찢어 버립니다!
상처 입은 센트로사우루스가 동료와 충돌하며
강으로 떨어지고 맙니다.
!!
데이노니쿠스의
승리!

어룡

03 템노돈토사우루스

공룡 정보 ▶몸길이: 약 10m ▶몸무게: 15t 이상

배틀 기술

몸통 공격	A
물어뜯기	A
지느러미 공격	B

필살기

점프하며 물어뜯기

몸무게를 실어 물어뜯는 공격이다.

먹잇감을 찾아내 단숨에 물어뜯는다!

발달한 꼬리지느러미를 이용해 고속으로 헤엄치는 거대한 어룡이다. 25cm에 이르는 커다란 눈으로 한 번 노린 먹잇감은 그 시야에서 벗어날 수 없다. 잡히면 날카로운 이빨로 몸통을 찢어 버린다. 먹잇감의 크기와 상관없이 몸통을 이빨로 난폭하게 물어뜯는다.

수장룡

04 리오플레우로돈

공룡 정보 ▶몸길이: 7m 이상 | ▶몸무게: 불명확

배틀 기술

머리 공격	A
지느러미 후려치기	B
고속 이동	A

필살기

초강력 물어뜯기

강인한 턱으로 사냥감을 순식간에 두 동강 낸다.

티라노사우루스보다 강력한 턱의 힘

머리가 거대하며 입에는 굵고 긴 이빨이 빼곡하다. 턱의 힘이 강력하여 어떤 대형 생물이라도 입으로 물면 순식간에 두 동강 낸다. 뛰어난 후각과 거대한 지느러미를 사용한 고속 이동으로 사냥감을 놓치지 않는다. 몸길이가 10m 이상이라는 연구 결과도 있다.

1회전

도망칠 곳 없는 수영장에서 물어뜯기 승부

배틀 2 템노돈토사우루스 VS 리오플레우로돈

돌고래 쇼를 하는 수영장

1

리오플레우로돈이 갑자기 템노돈토사우루스의 가슴지느러미를 물어뜯는데요! 그러자 템노돈토사우루스는 꼬리지느러미로 점프를 시도합니다!

※템노돈토사우루스는 범고래처럼 높이 점프한다.

2

템노돈토사우루스는 가슴지느러미에 큰 타격을 입지만,
리오플레우로돈은 거대한 물보라 때문에 수영장의 벽까지 밀려나고 마네요.
리오플레우로돈은 전투태세를 정비하러 일단 몸을 피합니다.

※리오플레우로돈이 무는 힘은 티라노사우루스보다 강하다.

3 리오플레우로돈의 위치를 알아챈 템노돈토사우루스가 잽싸게 달려듭니다.
도망칠 곳이 없는 리오플레우로돈은 정면 승부를 결심하는데요!

4 입을 쫙 벌리고 기다리는 리오플레우로돈!
코앞에서 몸을 돌린 템노돈토사우루스가 리오플레우로돈의
목을 물고 높이 점프해 이빨을 깊숙이 찔러 넣습니다!

공룡

05 헤레라사우루스

공룡 정보 ▶몸길이: 약 6m ▶몸무게: 약 300kg

배틀 기술

기술	등급
물어뜯기	B
몸통 공격	A
발톱 공격	B

필살기

카운터 태클

적이 균형을 잃은 순간에 기습 돌진한다.

땅 위를 빠르게 누비는 고대의 지배자

가장 오래된 육식 공룡이라고 한다. 뼈 안이 비어 있어 몸이 가벼우며 스피드와 체력이 뛰어나다. 소형이긴 하지만 기동력이 뛰어나 사냥꾼으로서 능력이 뛰어나다. 턱관절이 부드러워 입을 크게 벌릴 수 있으며 대형 생물도 사냥할 수 있다.

그 외 파충류

06 롱기스쿠아마

공룡 정보 ▸몸길이: 약 0.3m(날개 펼쳤을 때) | ▸몸무게: 불명확

배틀 기술

물어뜯기	A
위장술	B
빠른 발 방어	C

필살기

날아 차기

날개를 펼쳐 적이 깜짝 놀라 눈을 감게 만든다.

날개로 상대를 겁주는 깜짝 괴물

날개가 달린 작은 몬스터처럼 보이는 파충류이다. 날개는 나무에서 뛰어내릴 때 사용하며 낙하산 역할을 했다고 한다. 사냥감 앞에서 갑자기 날개를 펼쳐 놀라게 한 뒤, 날카로운 이빨로 물어뜯는다. 통통 튀어 날듯이 이동하며 발놀림이 가볍다.

1회전
떨어지면 끝이다! 깜짝 대작전의 결말은?
배틀 3 헤레라사우루스 VS 롱기스쿠아마
벚꽃 잎이 떨어지는 출렁다리
1
나뭇가지에 숨어 있던 롱기스쿠아마가 날개를 펼치자
헤레라사우루스는 놀라 무방비 상태가 됩니다!
롱기스쿠아마는 헤레라사우루스의 앞다리를 물어 버리는데요!
콱
※롱기스쿠아마는 날개를 펼쳐
적을 겁주는 습성이 있다.
2
화가 난 헤레라사우루스가 반격을 시도했지만,
롱기스쿠아마는 출렁다리의 밧줄 위로 뛰어올라 도발합니다!
헤레라사우루스가 뒤쫓으려 하지만,
다리가 좌우로 크게 출렁이는군요.

3
그때 롱기스쿠아마가 밧줄에서 뛰어내리는데요! 몸을 피하려던
헤레라사우루스는 균형을 잃고 강으로 떨어지고 맙니다!
그아악
※롱기스쿠아마는 날개를 펼쳐
낙하산처럼 활공할 수 있다.
※헤레라사우루스는
뼈가 가벼워 빠르게
움직일 수 있다.
켁
4
롱기스쿠아마는 다리에서 뛰어내려 상대의 숨통을
끊으려 합니다. 몸을 일으켜 잽싸게 공격을 피한
헤레라사우루스, 강으로 뛰어내린 롱기스쿠아마를
밟아 버리네요!
헤레라사우루스의
승리!

공룡

07 트리케라톱스

공룡 정보	▶몸길이: 약 8m	▶몸무게: 10t 이상

배틀 기술

기술	등급
몸통 공격	S
뿔 공격	A
철벽 방어	A

필살기

뿔로 들이받기

적이 달려드는 힘을 이용해 뿔로 치켜올려 내던진다.

커다란 두 개의 뿔을 가진 거대 전차

초식 공룡으로는 드물게 끝이 뾰족한 이빨이 100개나 된다. 가장 위협적인 무기는 머리 양쪽으로 솟은 길이 1m의 뿔이다. 낮은 자세로 돌진해 뿔로 찌르고 유연하고 강인한 목을 이용해 살을 찢는다. 소형 생물은 나동그라져 단숨에 KO패 당한다.

그 외 파충류

08 파솔라수쿠스

공룡 정보 ▸몸길이: 약 10m ▸몸무게: 불명확

배틀 기술

기술	등급
물어뜯기	A
발톱 공격	B
몸통 공격	A

필살기

오줌 뿌리기

대량의 소변을 방출해 적이 움직이지 못하게 차단한다.

오줌 때문에 멸종한 공룡

소변의 양이 많았던 탓에 건조한 시대를 견뎌내지 못하고 멸종했다. 하지만 멸종 전에는 최상위 포식자의 자리를 차지하고 있었다. 15cm에 달하는 이빨과 강력한 턱으로 공룡을 잡아먹었다. 악어처럼 생겼지만, 다리가 길어 움직임이 빠르며 사냥 능력이 뛰어나다.

1회전
오줌투성이인 체육관에서 맞붙다!
배틀 4
트리케라톱스
VS
파솔라수쿠스
초등학교
체육관
※파솔라수쿠스는 대량의
오줌을 싸는 습성이 있다.
콸
콸
1
파솔라수쿠스는 시합 시작과 동시에
여유로운 모습으로 오줌을 싸는데요?
약이 오른 트리케라톱스가 돌진합니다!
덥
석
2
하지만 트리케라톱스는 오줌 범벅인 마루에 미끄러져 구르고 마는군요.
파솔라수쿠스가 기회를 놓치지 않고 트리케라톱스의 목을 물어뜯습니다!

3
트리케라톱스는 프릴로 방어해 보지만, 깊은 상처를 입고 마는데요.
파솔라수쿠스가 초스피드로 트리케라톱스에게 돌진합니다!
미
끌
※파솔라수쿠스는 다리가 길어서 달리기 실력이 뛰어나다.
※트리케라톱스의 목에 달린 프릴은 방패 역할을 하기도 한다.
미끄덩
쿵
4
달아날 힘도 없는 트리케라톱스의 마지막을 예견한 그때, 자신의 오줌에 미끄러진 파솔라수쿠스의 몸이 공중으로 떠오르는데요! 트리케라톱스는 무방비한 파솔라수쿠스의 배를 뿔로 깊숙이 찌릅니다!
트리케라톱스의 승리!

공룡

09 타르보사우루스

공룡 정보	▶몸길이: 약 10m	▶몸무게: 4t 이상

배틀 기술

물어뜯기	S
몸통 공격	B
짓밟기	S

필살기

새끼와 연합 공격

위기 상황에서 새끼와 연합 공격을 펼친다.

적을 으스러뜨리는 강력한 턱

티라노사우루스보다 한 단계 작지만, 비슷한 능력을 지녔다. 뒷발은 체격보다 두껍게 발달했으며 턱의 힘은 티라노사우루스보다 세다고 전해진다. 공룡 중에 드물게 새끼의 화석이 발견되고 있어 함께 행동했을 것으로 추측한다.

공룡 10

오로드로메우스

공룡 정보	▸몸길이: 약 2.5m	▸몸무게: 불명확

배틀 기술

기술	등급
발톱 공격	B
몸통 공격	B
빠른 발 방어	B

필살기

무릎 차기

발달한 뒷다리 발차기는 빠르고 위력이 막강하다.

초고속으로 거침없이 대지를 누비다!

이름은 '산을 달리는 자'라는 뜻이다. 발달한 뒷다리로 상당히 빠르게 달릴 수 있다. 날카로운 발톱으로 땅을 파서 둥지를 만드는 습성이 있다. 이 발톱은 알이나 새끼가 위협받을 때 공격용 무기로도 사용된다. 빠르고 경쾌한 발놀림은 격투에서 빛을 발한다.

1회전

배틀 5

순간의 방심으로 목숨을 잃는 체력 대결

타르보사우루스 VS 오로드로메우스

장애물 없는 한여름의 고원

1 쉬지 않고 돌진하던 타르보사우루스가 몹시 지친 모양인데요! 오로드로메우스는 아랑곳하지 않고 계속 도망칩니다. 상대를 지치게 만드는 작전이군요!

※오로드로메우스는 산을 뛰어다닐 정도로 체력이 좋다.

2 오로드로메우스가 뒤를 돌아본 순간, 등을 보이고 서 있는 타르보사우루스를 발견합니다. 기회를 잡은 오로드로메우스는 점프하며 온 힘을 다해 무릎 차기를 날립니다!

3

하지만 쓰러지지 않고 끝까지 버티는 타르보사우루스!
그때 눈앞의 구멍에서 알을 발견합니다! 오로드로메우스의 둥지로군요!

※오로드로메우스는 땅을 파서 둥지를 만들었다. 알의 화석도 발견되고 있다.

4

오로드로메우스는 알을 지키기 위해 서둘러 무릎 차기를 시도하지만, 타르보사우루스가 먼저 오로드로메우스의 뒷다리를 물어 버리는군요!

※타르보사우루스가 무는 턱의 힘은 티라노사우루스보다 세다고 한다.

타르보사우루스의 승리!

공룡 11

이구아노돈

공룡 정보 ▶몸길이: 약 10m ▶몸무게: 약 9t

배틀 기술

몸통 공격	A
박치기	B
집단 공격	A

필살기

엄지 스파이크

엄지발가락을 움직여 가까이에서 찌른다.

손재주가 뛰어난 다섯 손가락 공룡

이빨이 이구아나의 이빨과 비슷해서 이름 지어졌다. 하지만 체격은 이구아나의 5배이다. 앞다리에는 5개의 발가락이 있어 물건을 잡을 수 있고, 엄지발가락에는 가시처럼 날카로운 발톱이 있어 흉기처럼 사용된다. 탄탄한 몸통으로 들이받아 상대가 빈틈을 보이면 엄지발톱으로 찌른다.

공룡

12 코엘로피시스

공룡 정보	▶몸길이: 약 3m	▶몸무게: 약 20kg

배틀 기술

물어뜯기	A
고속 태클	B
발톱 공격	B

필살기

고속 물어뜯기

먼 거리에서도 순식간에 긴 목을 뻗어 물어뜯는다.

사냥감을 급습하는 이족 보행 스피드왕

두 발로 걸어 다니는 민첩한 사냥꾼이다. 뼛속이 비어 있어서 매우 가볍고, 기다란 목이 특징이다. 집단행동을 하며 동료와 연합해 대형 생물을 습격한다. 길고 단단한 꼬리와 유연한 목으로 균형을 잡아 급습하며 한 번 노린 사냥감은 확실하게 제압한다.

1회전

목과 발가락을 자유롭게 움직이는 테크닉 대결

배틀 6 이구아노돈 VS 코엘로피시스

대나무가 무성한 숲속

1 엄청난 속도로 달려온 코엘로피시스가 이구아노돈의 등을 발톱으로 할퀴는데요! 그러고는 잽싸게 대나무 숲으로 도망칩니다!

※코엘로피시스는 뼈 안이 비어 있어서 몸이 가볍고 동작이 재빠르다.

2 코엘로피시스의 뒤를 쫓는 이구아노돈! 대나무 간격이 자기 어깨 폭보다 좁지만, 엄청난 기세로 대나무를 쓰러뜨리며 돌진하는군요!

※이구아노돈은 식물을 먹기 위해 건장한 몸으로 초목을 쓰러뜨리며 이동했다고 한다.

3
하지만 굵은 대나무에 몸통이 걸리고 마는데요. 기회를 잡은 코엘로피시스가 대나무 사이로 연속 물어뜯기 공격을 퍼붓습니다!
그아악
칵
칵
칵
※코엘로피시스는 목을 길게 뻗어 물어뜯는다.
쿨럭
푹
4
대나무에 가로막혀 당하고만 있던 이구아노돈이 때마침 부러진 대나무를 발견하는데요! 앞발로 대나무를 움켜잡아 코엘로피시스를 힘껏 찌릅니다!
※이구아노돈의 앞발에는 5개의 발가락이 있어 물건을 잡을 수 있다.
이구아노돈의 승리!

공룡

13 바리오닉스

공룡 정보	▸몸길이: 약 10m	▸몸무게: 2.5t 이상

배틀 기술

발톱 공격	B
물어뜯기	A
몸통 공격	B

필살기

발톱 찍기와 물기

구부러진 발톱으로 적을 찍고 물어뜯는다.

모든 것을 으스러뜨리는 100개의 이빨

날카롭고 긴 톱니 모양의 이빨이 100개 솟아 있다. 이빨 사이사이에는 틈이 있어 한 번 문 사냥감은 놓치지 않는다. 앞발에 달린 25cm의 갈고리발톱은 공격력이 뛰어나다. 위장에서 발견된 '경골어'라는 매우 단단한 몸통을 가진 물고기가 바리오닉스 이빨의 위력을 설명해 주고 있다.

공룡

14 켄트로사우루스

공룡 정보 ▸몸길이: 약 5m | ▸몸무게: 약 1t

배틀 기술

어깨 가시 공격	S
꼬리 방어	A
골판 방어	A

필살기

어깨 스파이크

적의 공격을 어깨의 가시로 받아친다.

상대를 제압하는 날카로운 거대 가시

머리에서 등까지 7쌍의 골판과 어깨의 기다란 가시로 앞이나 옆에서 들어오는 공격을 완벽히 방어한다. 허리에서 꼬리까지 날카롭고 거대한 가시가 돋아 있어 몸통 뒤쪽에도 사각지대(영향력이 미치지 못하는 구역)가 존재하지 않는다. 꼬리를 휘둘러 거대한 가시를 상대의 몸에 깊숙이 찔러 넣는다.

1회전

미끄러지고 회전하는 아이스 링크 배틀

배틀 7 바리오닉스 VS 켄트로사우루스

실내 스케이트장

1 양쪽 다 미끄러운 얼음 위에서 제대로 힘을 쓰지 못하는데요. 바리오닉스가 먼저 물기를 시도하지만, 켄트로사우루스의 골판에 튕겨 버립니다!

※켄트로사우루스의 머리에서 등까지 7쌍의 골판이 나 있다.

2 바리오닉스가 균형을 잃자 켄트로사우루스가 꼬리의 가시로 공격하네요. 하지만 켄트로사우루스 역시 치명상을 입히지는 못하는군요!

3

빙판에 적응한 바리오닉스가 속도를 높여 돌진하자, 켄트로사우루스가 꼬리를 휘두릅니다! 바리오닉스는 발톱을 얼음에 박아 급정지하는데요! 켄트로사우루스는 헛스윙하며 회전하고 마네요!

4

켄트로사우루스가 어깨 가시로 다시 공격하지만, 머리를 들어 올려 공격을 피한 바리오닉스가 오히려 켄트로사우루스의 머리를 덥석 물어 버리는군요!

익룡

15 프테라노돈

공룡 정보 ▶몸길이: 약 8m(날개 펼쳤을 때) ▶몸무게: 약 20kg

배틀 기술

부리 공격	A
몸통 공격	B
공중 방어	A

필살기

회오리 공격

에너지를 증폭시켜 회전 부리 공격을 퍼붓는다.

바람을 타고 사냥감을 제압하다!

하늘을 우아하게 날아다니다 사냥감을 발견하면 엄청난 속도로 활공한다. 주로 바다 생물을 노리며, 뾰족한 부리로 먹잇감을 잡아 한입에 삼켜 버린다. 뼈가 가벼운 구조여서 대형이지만 바람을 타고 날아다녔다. 밤에도 활동했다고 한다.

공룡

16 벨로키랍토르

공룡 정보 ▶몸길이: 약 2m | ▶몸무게: 20kg 이상

배틀 기술

발톱 공격	B
발톱 찍기	A
빠른 발 방어	S

필살기

점프 발차기

점프해 연속 발차기를 날리며 상대를 제압한다.

날렵한 몸놀림으로 적을 혼란에 빠뜨리다!

인간 어린이 정도의 몸무게이지만, 대형 공룡을 때려눕힐 수 있을 만큼 민첩한 몸동작을 지녔다. 달리기가 주특기로, 속도로 상대를 교란시킨 뒤 날카로운 갈고리발톱으로 찍어 버린다. 뇌가 크고 지능이 발달했을 것으로 추정된다.

1회전

새벽에 펼쳐지는 화려한 공중 대격돌

배틀 8 프테라노돈 VS 벨로키랍토르

바다 쪽 절벽

1

새벽이 밝아오기 직전입니다.
벨로키랍토르는 몸을 숨기고 있지만,
숨은 곳을 찾아낸 프테라노돈이
고속으로 날아옵니다.

2

프테라노돈의 기습 공격을 피한 벨로키랍토르는
점프하며 앞다리 발톱과 뒷발차기로 연속 공격을 시도하는군요.

※벨로키랍토르도 야행성이었다고 한다.

3
연속 공격에 당한 프테라노돈이 절벽 아래로 떨어지는데요.
벨로키랍토르는 절벽 아래를 내려다보지만, 프테라노돈의 모습이
보이지 않습니다. 하늘에서 태양이 솟아오르는군요.
철썩
철썩
크악
콱
4
그 순간, 태양 빛 사이로 모습을 드러내는 프테라노돈!
부리로 벨로키랍토르를 찌릅니다! 프테라노돈이 절벽으로
떨어지는 척 속이고 하늘로 날아오른 것이군요!
※프테라노돈은 몸이 가벼워 기류를 타고 속도를 올린다.
프테라노돈의 승리!

거대화의 비밀을 파헤치다!

보고서 1 원시 공룡은 작고, 파충류보다 약했다?

공룡 하면 티라노사우루스나 기가노토사우루스 같은 거대한 육식 공룡을 떠올리는 사람이 많다. 이런 수각류 공룡들은 몸길이가 10m를 넘는다. 하지만 처음부터 몸집이 컸던 건 아니다. 오히려 조상들은 매우 작았다. 원시 공룡인 에오랍토르의 화석을 보면 몸길이가 1m에 불과하다.

공룡이 탄생했을 당시에는 파충류가 지구를 지배했고, 공룡은 이들의 먹잇감이 되기도 했다. 생존 경쟁에서 승리한 공룡들이 거대하게 진화한 것이다. 또한 당시 지구 대기의 산소 농도가 지금의 20배에 달할 정도로 높았던 점도 거대화의 원인으로 꼽힌다. 공룡은 그 풍부한 에너지를 몸집 키우기에 활용했다.

보고서 2 출렁다리의 구조로 몸을 지탱한 거대한 용각류 공룡

발견된 공룡 화석 중에서도 아르젠티노사우루스와 디플로도쿠스 같은 용각류는 특히 거대하다. 화석 크기로 보아 아르젠티노사우루스의 몸길이는 30m를 넘을 것으로 추정된다. 이러한 공룡들의 특징은 목과 꼬리 길이가 몸길이의 절반을 차지한다는 점이다.

긴 목과 꼬리를 들어 올리려면 상당한 힘이 필요할 것 같지만, 이들의 골격 구조에 그 비밀이 숨어 있다. 대형 용각류의 골격은 출렁다리와 비슷한 구조로 몸을 지탱한다. 출렁다리가 기둥에서 뻗은 와이어(여러 가닥의 강철 철사를 합쳐 꼬아 만든 줄)에 다리 전체를 매다는 것처럼, 용각류의 뒷다리와 골반이 기둥 역할을 하고 인대가 와이어처럼 목뼈와 꼬리뼈를 늘어뜨린다. 목뼈는 속이 비어 있어서 가볍기 때문에 균형 잡기도 쉽다.

하지만 이 구조에도 약점이 있다. 출렁다리에 배가 충돌하면 다리 전체가 흔들리는 것처럼 용각류도 몸통 일부의 균형이 무너지면 몸을 지탱할 수 없게 된다. 그래서 목은 그다지 움직이지 못했을 것으로 추측한다. 거대화에도 위험이 따르는 법이다.

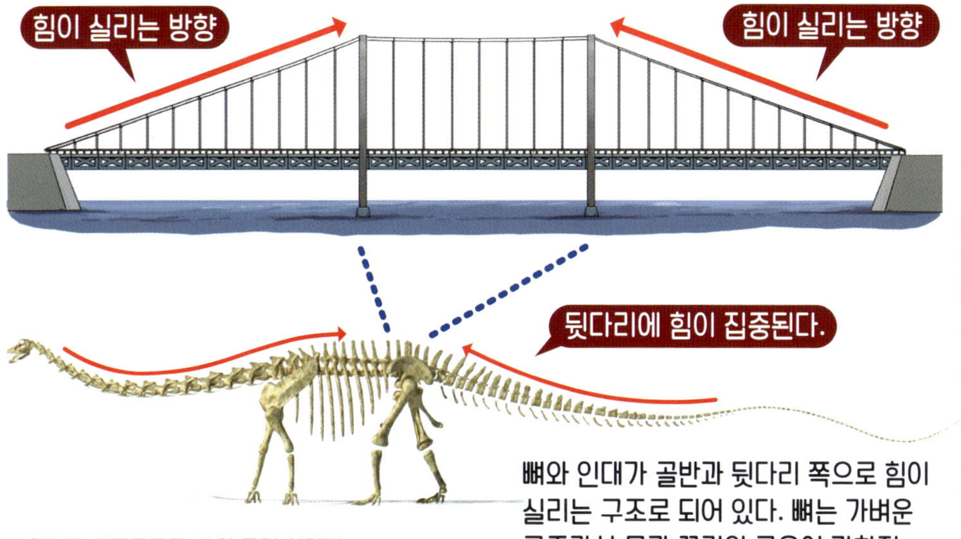

용각류(디플로도쿠스)의 골격 이미지

뼈와 인대가 골반과 뒷다리 쪽으로 힘이 실리는 구조로 되어 있다. 뼈는 가벼운 구조라서 목과 꼬리의 근육이 강하지 않아도 계속 치켜들 수 있다.

보고서 3 거대 공룡의 도시 전설? 몸길이가 60m인 환상의 공룡

공룡의 크기는 주로 발견된 화석으로 추정한다. 현재 가장 큰 공룡은 아르젠티노사우루스로 체격이 약 35m로 추정되지만, 그 2배에 가까운 크기의 공룡이 있다는 설이 있다. 이 공룡에는 '암피코엘리아스 프라길리무스'라는 학명도 붙여졌지만, 최대 크기 공룡으로 인정받지는 못했다. 뼈 화석이 남아 있지 않기 때문이다.

1878년 암피코엘리아스 프라길리무스의 등뼈 일부 화석이 발견되었다. 당시 추정된 몸길이는 놀랍게도 60m였다. 중형 제트기와 같은 크기이다. 하지만 이 화석은 행방불명되었다. 정식 기록되지 못하고 환상의 거대 공룡이 되어 버린 것이다. 공룡 화석 발굴 조사는 지금도 계속되고 있으니 다시 암피코엘리아스 프라길리무스의 화석이 발견되기를 기대할 수밖에 없다.

쥐라기 후반에 생존했다는 암피코엘리아스 프라길리무스.
등뼈 하나가 2m 이상이었을 것으로 추측한다. 물속에서 생활했다는 설도 있다.
몸길이가 60m나 되었다면 수심이 깊어도 수면 위로 튀어나왔을 것이다.

보고서 4 공룡의 똥이 아직까지 남아 있었다? 커다란 공룡은 똥도 거대할까?

공룡의 화석은 뼈뿐만이 아니다. 똥도 화석으로 발견되고 있다. 똥 화석은 '분석'이라고 하며 겉모습이 돌과 비슷해 구분하기 매우 어렵다. 단면에서 동물의 뼈나 식물 섬유 등이 발견되는 것으로 똥 화석임을 판단한다.
세계 최대급 분석의 크기는 약 40cm이다. 이 분석이 발견된 지층에서 티라노사우루스 화석이 발견되었다는 점에서 티라노사우루스의 분석일 것으로 추정된다. 일반 변기 가로 폭만큼 거대한 똥이지만, 몸길이 12m로 추정되는 티라노사우루스 크기에 비해 그다지 거대하지는 않다. 다만 화석은 수분이 없어진 상태로, 배변 직후의 똥은 더 컸을 것이다.

분석 안에서 초식 공룡의 뼈가 발견되었다. 티라노사우루스는 먹잇감을 뼈째 씹어 먹기 때문에 소화되지 않은 뼈가 남아 있었던 것이다.

미국 지질조사국/AP/ 아프로

티라노사우루스의 똥 화석은 40cm!

화석으로 똥의 주인을 알 수 있을까?

분석이 발견된 지층으로 어느 시대의 화석인지 추정할 수 있지만, 어떤 공룡의 분석인지는 알 수 없다. 다만 분석의 내용물로 무엇을 먹었는지 알 수 있을 때도 있어 공룡의 먹이를 아는 중요한 자료가 된다.

공룡 17

스테고사우루스

공룡 정보 ▶몸길이: 약 9m ▶몸무게: 약 6t

배틀 기술

몸통 들이받기	B
꼬리 방어	A
철벽 방어	A

필살기

스파이크 스윙

원심력을 이용해 단단한 꼬리 가시로 찌른다.

꼬리 가시로 적을 관통하는 대검룡

등에 가지런히 솟은 검 모양 골판이 특징인 공룡이다. 뒷다리가 길어 꼬리를 휘두르기 쉬운 구조를 지녔다. 꼬리의 위력이 엄청나며 4개의 큰 가시에 맞으면 잠시도 버티기 어렵다. 급소인 목과 피부밑까지 작은 뼈가 있어 방어력이 뛰어나다.

공룡 18

기간토랍토르

공룡 정보 ▸몸길이: 8m 이상 ▸몸무게: 2t 이상

배틀 기술

부리 공격	B
발톱 공격	B
뒷발차기	B

필살기

폭주하는 부리 공격

쉴 새 없이 부리로 쪼아대 반격할 틈을 주지 않는다.

삽 모양 부리를 가진 몬스터

발견된 화석은 성장기의 것으로, 성체가 되면 8m 이상 커질 것으로 추정된다. 온몸이 털로 뒤덮였으며 거대한 새처럼 생겼다. 커다란 삽 모양 부리와 날카로운 3개의 갈고리발톱은 육식 공룡을 쓰러뜨리기에 충분한 흉기다. '랍토르'는 '도둑'이라는 뜻이다.

1회전

주변을 파괴하는 날카로운 가시와 거대 부리 대결

배틀 9 스테고사우루스 VS 기간토랍토르

아파트 주차장

3
타격을 입은 스테고사우루스도 질 수 없다는 듯 꼬리를 휘둘러 공격합니다!
꼬리가 기간토랍토르의 뒷다리에 적중하는군요!
기간토랍토르는 균형을 잃고 쓰러집니다!
※스테고사우루스의 목과 피부 밑에는 뼈가 있어 방어력이 뛰어나다.
휘릭
콱
스테고사우루스의 승리!
4
기간토랍토르의 부리가 자동차 지붕에 박혀
빠지지 않는데요! 그 틈을 노린 스테고사우루스는
꼬리를 휘둘러 마무리 공격을 날립니다!

공룡 19

사이카니아

공룡 정보 ▸몸길이: 약 7m ▸몸무게: 2t 이상

배틀 기술

기술	등급
몸통 공격	A
돌기 공격	A
철벽 방어	S

필살기

망치 후려치기

단단한 꼬리를 휘둘러 적의 몸통을 부순다.

적의 뼈까지 으스러뜨리는 온몸의 돌기

건장한 체격과 두꺼운 피부에 삼각형 돌기 모양의 뼈가 빼곡히 솟아 있다. 배와 다리까지 돌기가 이어진 것이 특징이다. 이 돌기는 뼈를 으스러뜨릴 정도로 단단하며 방어와 공격에 모두 효과적이다. 가시투성이 망치처럼 생긴 꼬리가 있어 공격력도 뛰어나다.

공룡

20 카르노타우루스

공룡 정보 ▶몸길이: 약 7.5m ▶몸무게: 2t 이상

배틀 기술

기술	등급
몸통 들이받기	B
물어뜯기	B
몸통 방어	A

필살기

무한 돌진

일직선으로 적에게 돌진해 머리 뿔로 들이받는다.

무한 체력으로 사냥감에 돌진하는 폭주 소

소처럼 눈 위에 뿔이 솟아 있어 '육식 수소(소의 수컷)'라는 이름이 붙여졌다. 심장과 폐가 크며 끈질기게 사냥감을 뒤쫓아 달릴 정도로 체력이 강하다. 뒷다리가 길어서 거대한 체격에 비해 발이 빠르고, 사납게 돌진해 상대를 쓰러뜨린다. 피부가 튼튼해서 방어력도 뛰어나다.

1회전

맷집 강한 싸움꾼의 처절한 대결

배틀 10 사이카니아 VS 카르노타우루스

부둣가 낚시터

1
돌진하는 카르노타우루스를 향해
꼬리 망치로 후려치는 사이카니아!
하지만 카르노타우루스는
그다지 타격을 입지 않는데요.

※카르노타우루스의 피부는
단단하고 두껍다.

2
카르노타우루스가 머리 뿔로 찌르며 반격해 보지만,
사이카니아의 방어에 막혀 부두에서 떨어지고 맙니다.
※사이카니아는 온몸이 돌기로 뒤덮여 있다.

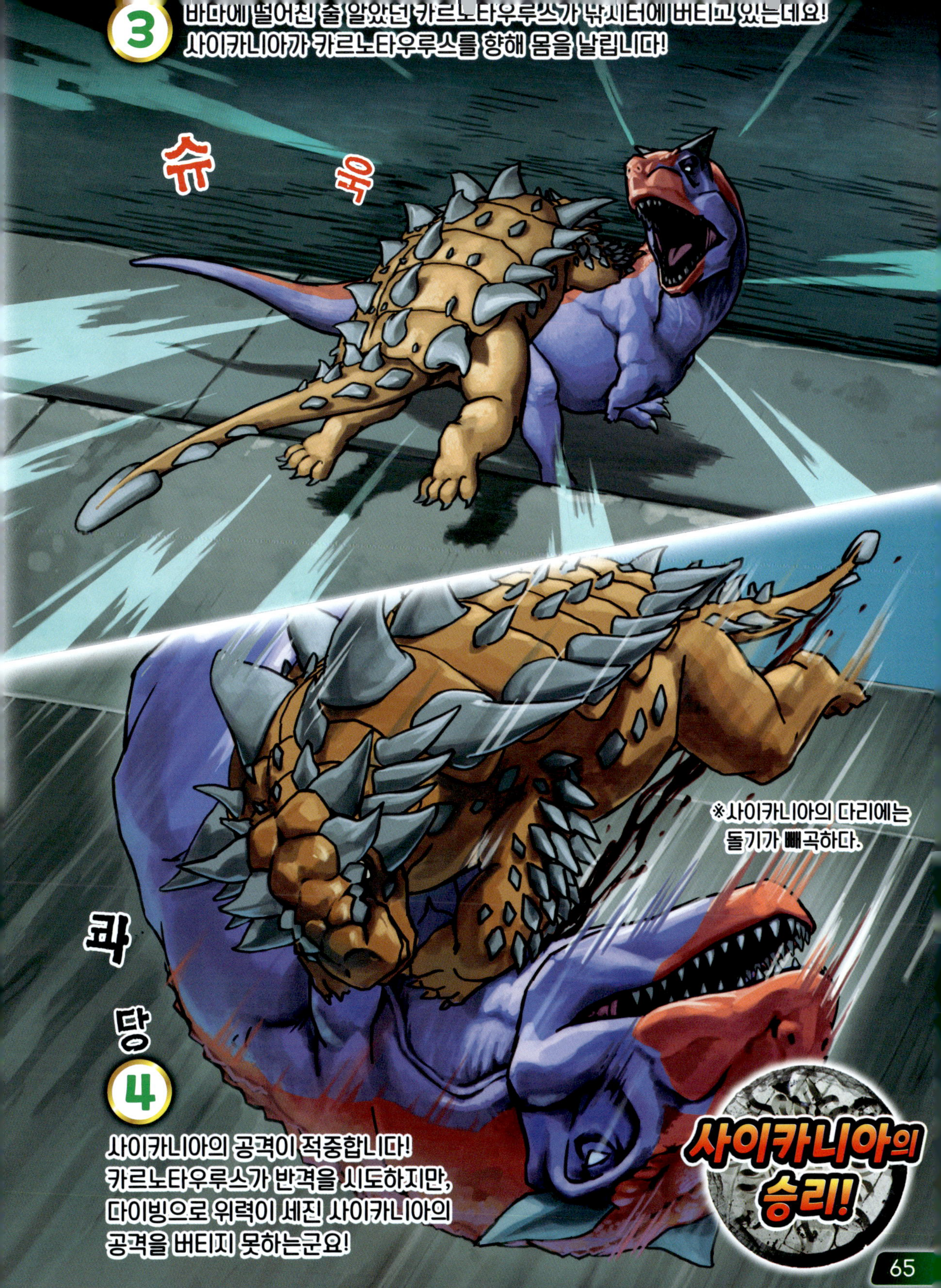
3
바다에 떨어진 줄 알았던 카르노타우루스가 낚시터에 버티고 있는데요!
사이카니아가 카르노타우루스를 향해 몸을 날립니다!
슈
욱
※사이카니아의 다리에는
돌기가 빼곡하다.
콰
당
4
사이카니아의 공격이 적중합니다!
카르노타우루스가 반격을 시도하지만,
다이빙으로 위력이 세진 사이카니아의
공격을 버티지 못하는군요!
사이카니아의
승리!

공룡

21 파라사우롤로푸스

공룡 정보 ▶몸길이: 약 10m ▶몸무게: 3t 이상

배틀 기술

몸통 공격	B
발톱 공격	B
물어뜯기	C

필살기

울부짖는 공룡

울음소리를 듣고 나타난 동료가 배틀에 참가한다.

울려 퍼지는 울음소리는 전군의 돌격 신호

머리의 볏 모양 돌기는 뼈로 이루어졌으며 속이 비어 있다. 이곳으로 울음소리를 울려 동료와 의사소통한다. 천적을 피해 도망칠 수 없게 되면 큰 몸집으로 들이받고 앞발과 뒷다리 발톱으로 반격한다. 중형급 육식 공룡에게는 무리 지어 공격한다.

공룡

22 사우로펠타

공룡 정보 ▸몸길이: 약 5m ▸몸무게: 약 2t

배틀 기술

기술	등급
꼬리 공격	A
철벽 방어	A
박치기 공격	A

필살기

양쪽 어깨의 검

적의 공격을 어깨의 골침으로 받아친다.

상대에게 치명상을 입히는 공격형 갑옷

등에서 꼬리까지 가시 장갑판이 이어지며 목과 어깨에는 여러 개의 골침이 돋아 있다. 목을 노리는 상대는 바로 응징한다. 특히 어깨의 기다란 골침은 공격력이 뛰어나다. 이름은 '방패 도마뱀'이라는 뜻이지만, 방어력보다 공격력이 뛰어난 무기를 지녔다.

1회전
배틀 11
공격 개시를 알리는 울음소리
파라사우롤로푸스 VS 사우로펠타
햇빛이 강렬한 여름
해바라기 밭
스윽
스윽
스윽
스윽
1
파라사우롤로푸스는 넓은 어깨로 해바라기를 쓸어 넘어뜨리고, 사우로펠타는 어깨의 골침으로 해바라기를 베어 넘어뜨리며 돌진합니다. 아직 서로의 존재를 알아채지 못한 채 멀어지고 마네요!
그아아악
2
사우로펠타가 바로 앞 전망대에서 파라사우롤로푸스의 동료를 발견합니다. 그러자 파라사우롤로푸스는 동료를 향해 큰 소리로 울부짖는데요!

※파라사우롤로푸스는 머리에 달린
돌기로 울음소리를 퍼뜨려 동료와
연합 작전을 펼친다.
콰
앙
3
사우로펠타가 공격을 시도하는 순간, 울음소리에
모여든 파라사우롤로푸스가 뒤에서 들이받습니다!
앞쪽의 파라사우롤로푸스와 협공을 펼치는데요!
※사우로펠타의 등에서 꼬리까지
이어진 장갑판은 단단하며
목 양쪽에 6개의 골침이 솟아 있다.
기 이 익
크
아
악
4
하지만 만신창이가 된 쪽은 파라사우롤로푸스로군요!
사우로펠타의 목 골침에 제대로 찔린 모양이네요.
사우로펠타는 어깨의 거대한 골침으로 파라사우롤로푸스를
완전히 제압해 버립니다!
사우로펠타의
승리!

공룡

23 에오시놉테릭스

공룡 정보	▶몸길이: 약 0.3m	▶몸무게: 약 0.1kg

배틀 기술

기술	등급
물어뜯기	B
발톱 공격	A
빠른 발 방어	C

필살기

활공 미사일

높은 곳에서 활공해 미사일처럼 달려든다.

날듯이 돌아다니는 역사상 가장 작은 공룡

발견된 공룡 화석 중 가장 소형으로 30cm가 되지 않는다. 날지는 못하지만, 앞다리에 날개가 있어 점프하며 빠르게 이동하는 데 도움이 된다. 높은 곳에서 활공하며 이동했을 것으로 추측된다. 이리저리 돌아다니며 날카로운 이빨로 거대 생물을 공격한다.

공룡

24 루곱스

공룡 정보	▸몸길이: 약 7m	▸몸무게: 750kg 이상

배틀 기술

물어뜯기	A
몸통 공격	A
몸통 누르기	A

필살기

안면 공격

단단한 머리로 적의 몸통을 후려친다.

죽은 공룡을 뼈째 씹어 먹는 음흉한 공룡

'주름진 얼굴'이라는 뜻을 가진 이름처럼 얼굴에 주름이 많은 것이 특징이다. 머리가 매우 단단하고 언제나 웃고 있는 입 모양이라 기분 나쁜 분위기를 자아낸다. 사냥이 서툴며 죽은 공룡을 뼈째 으깨 먹었다고 한다. 뒷다리가 길어서 달리는 힘이 강하다.

1회전

초미니 공룡과 불길하게 웃는 얼굴의 대결

배틀 12 에오시놉테릭스 VS 루곱스

경사가 심한 산의 내리막길

① 도로에 잠복하고 있던 루곱스가 뒤돌아보자, 에오시놉테릭스가 가로수에서 뛰어나와 기습 공격을 시도합니다! 눈을 적중시키지만 루곱스는 태연하게 웃고 있군요.

※루곱스의 얼굴 피부는 단단하다. 입이 웃는 모양이어서 항상 웃는 얼굴처럼 보인다.

② 재빠르게 도망치는 에오시놉테릭스! 루곱스는 뒤쫓아가며 계속해서 뒷다리로 밟으려 하지만, 한쪽 눈을 다쳐 모든 공격이 빗나가고 마네요!

※루곱스는 뒷다리의 근육이 발달해 질주 능력이 뛰어나다.

3
양쪽 모두 비탈길에서 속도가 빨라집니다! 루곱스가 상대를 겨냥하려던 순간,
급커브 구간에서 세게 구르고 마는군요.
에오시놉테릭스도 함께 휩쓸려
나동그라지고 맙니다!
콰
당
※ 에오시놉테릭스는
날 수 없지만, 높이
점프할 수 있다.
와
그
작
크
아
악
4
루곱스가 다시 일어나 공격에 나서자 에오시놉테릭스는
죽을 각오로 달려들어 다른 한쪽 눈을 물어뜯습니다!
양쪽 눈을 다친 루곱스는 시합을 이어갈 수 없게 되었군요.
에오시놉테릭스의
승리!

공룡

25 민미

공룡 정보	▸몸길이: 약 2m	▸몸무게: 200kg 이상

배틀 기술

몸통 공격	B
집단 몸통 누르기	A
탄환 공격	B

필살기

철벽 방어

돌기로 뒤덮인 갑옷으로 온몸을 보호한다.

온몸을 갑옷으로 두른 작은 공룡

오스트레일리아에서 독자적으로 진화한 곡룡류이다. 둥근 모양의 단단한 돌기가 머리에서 등, 꼬리뿐 아니라 배와 다리 일부까지 돋아 있다. 그야말로 온몸에 갑옷을 두른 공룡이다. 곡룡류 중에서 가장 작으며 긴 다리로 빠르게 달려 기동력이 뛰어나다.

공룡

26 유티라누스

공룡 정보 ▶몸길이: 약 9m | ▶몸무게: 약 1.5t

배틀 기술

기술	등급
물어뜯기	A
몸통 공격	B
깃털 방패	B

필살기

3중 발톱 공격

사납게 날뛰며 3개의 발톱을 쉼 없이 휘두른다.

온몸에 깃털을 두른 털북숭이 폭군

대형 공룡으로는 드물게 온몸이 깃털로 뒤덮였다. 이 깃털은 추위뿐 아니라 적의 발톱이나 이빨 공격으로부터 몸을 지켜 준다. 티라노사우루스처럼 강력한 이빨과 턱을 가졌으며 앞다리에는 3개의 발톱이 돋아 있다. 앞뒤 가리지 않고 날뛰는 사나운 기질의 공룡이다.

1회전

급전개되는 배틀에서 눈의 힘으로 파워 업

배틀 13 민미 VS 유티라누스

스키장 점프대

※유티라누스는 깃털을 가진 공룡 중 가장 크며 깃털은 방어에 도움이 된다.

1 눈보라 속에서 갑자기 모습을 드러낸 민미가 몸통 태클을 시도합니다! 유티라누스가 쓰러지지만, 쌓인 눈 덕분에 충격이 크지 않아 보이네요.

2 금세 몸을 일으킨 유티라누스를 민미가 다시 몸통으로 들이받는데요! 타격을 입은 유티라누스도 반격을 시도합니다!

※민미의 몸은 장갑판과 돌기로 뒤덮여 있다.

3
유티라누스의 앞발톱 공격을 피해 도망치던 민미의 체력이
바닥난 모양인데요. 그때 점프대에서 큰 눈덩이가 굴러떨어집니다!
데굴
데굴
!
!?
쿠웅
4
유티라누스가 눈덩이를 입으로 물어 멈추려 하지만,
뒤쪽으로 넘어지며 기절하고 마는데요! 어디선가 나타난 다른
민미 한 마리가 거대한 눈덩이가 되어 유티라누스를 제압했네요!
민미의 승리!

공룡

27 안킬로사우루스

공룡 정보	▸몸길이: 약 6m	▸몸무게: 3t 이상

배틀 기술

기술	등급
꼬리 공격	A
박치기	A
철벽 방어	S

필살기

꼬리 철퇴

꼬리 끝의 망치를 휘둘러 살과 뼈를 으스러뜨린다.

공포의 꼬리 망치를 휘두르는 전차 공룡

배와 다리를 빼고는 모두 단단한 장갑판으로 뒤덮여 철벽 방어력을 자랑한다. 몸통의 높이가 낮아 어떤 공격에도 균형이 무너지지 않는다. 최대 무기는 꼬리 끝에 달린 거대한 망치 모양의 뼈 덩어리다. 꼬리를 힘차게 휘둘러 상대를 단번에 기절시킨다.

그 외 파충류

28 나자쉬

공룡 정보 ▶몸길이: 약 2m ▶몸무게: 불명확

배틀 기술

물어뜯기	B
휘감기	B
잠복 공격	A

필살기

죽은 척 위장하기

절대로 움직이지 않아 상대의 방심을 유도한다.

날카로운 이빨과 다리가 달린 고대의 뱀

나자쉬는 뱀의 조상으로 2m에 달하는 거대한 몸통에 뒷다리를 지녔다. 현재의 뱀은 진화 과정에서 다리가 사라진 것이다. 입이 크게 벌어지며 날카로운 이빨로 사냥감의 목숨을 빼앗는다. 대형 생물은 몸통으로 휘감아 공격했다고 한다. 독의 유무는 밝혀지지 않았다.

1회전

교활한 뱀의 기습 공격을 막아라!

배틀 14 안킬로사우루스 VS 나자쉬

크리스마스트리가 있는 광장

1

어둠 속에 몸을 숨기고 있던 나자쉬가 안킬로사우루스의 꼬리를 물어뜯는데요! 안킬로사우루스는 꼬리를 격렬하게 흔들어 저항합니다!

2

나자쉬가 물었던 입을 벌리자 멀리 나가떨어지네요! 크리스마스트리에 불이 켜지자 나자쉬의 모습이 그대로 드러납니다. 안킬로사우루스의 꼬리는 크리스마스트리에 충돌하며 상처를 입고 마는군요.

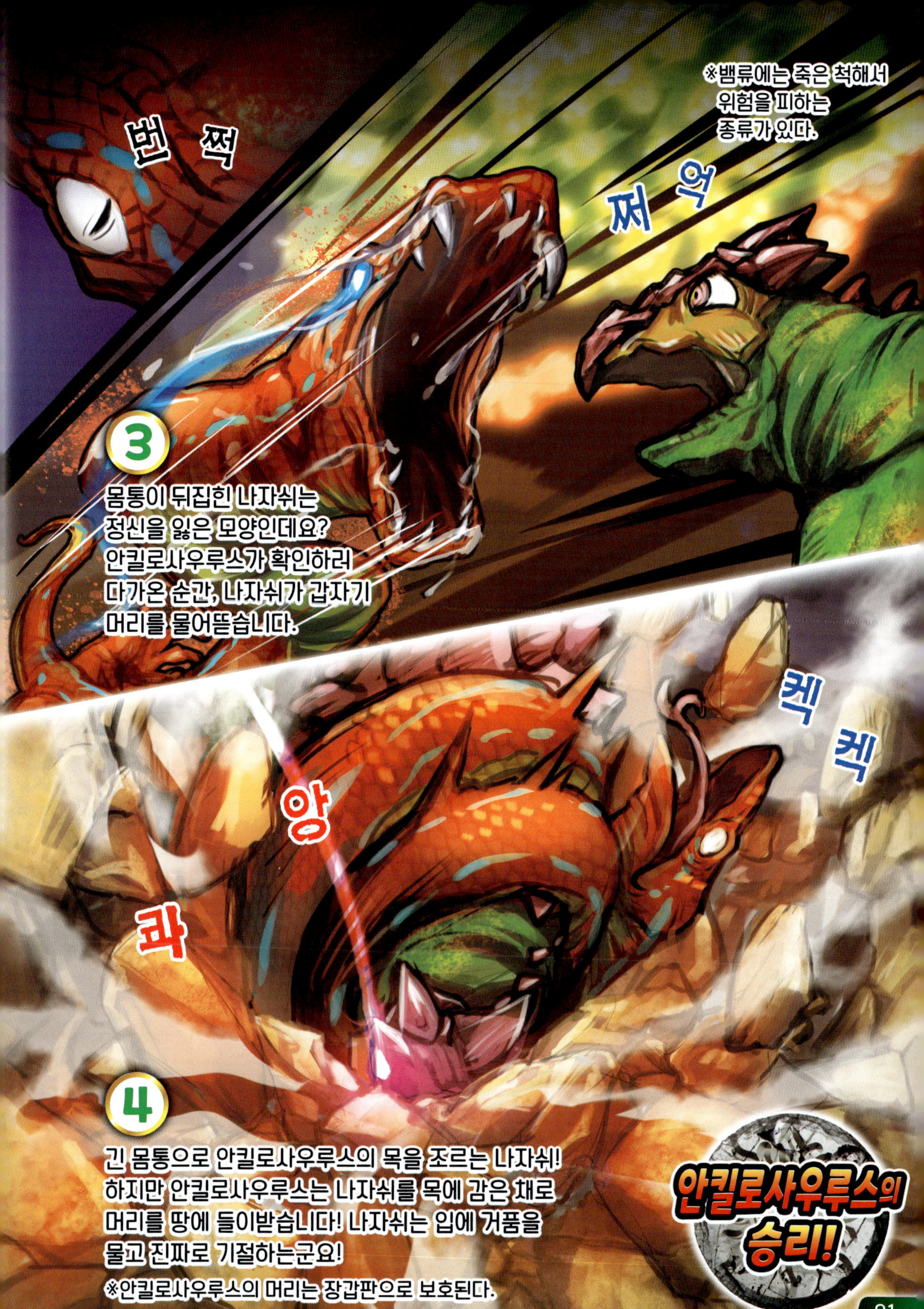
번쩍
※뱀류에는 죽은 척해서
위험을 피하는
종류가 있다.
쩌억
3
몸통이 뒤집힌 나자쉬는
정신을 잃은 모양인데요?
안킬로사우루스가 확인하러
다가온 순간, 나자쉬가 갑자기
머리를 물어뜯습니다.
켁 켁
콰
앙
4
긴 몸통으로 안킬로사우루스의 목을 조르는 나자쉬!
하지만 안킬로사우루스는 나자쉬를 목에 감은 채로
머리를 땅에 들이받습니다! 나자쉬는 입에 거품을
물고 진짜로 기절하는군요!
※안킬로사우루스의 머리는 장갑판으로 보호된다.
안킬로사우루스의
승리!

익룡

29 케찰코아틀루스

공룡 정보	▸몸길이: 약 10.5m(날개 펼쳤을 때)	▸몸무게: 약 200kg

배틀 기술

물어뜯기	A
부리 공격	S
발톱 공격	B

필살기

날개 펄럭이기

거대 날개로 바람을 일으켜 상대의 움직임을 차단한다.

시속 170km로 비행하는 거대 익룡

몸통의 길이는 기린 정도인데 날개를 펼치면 대형 버스 2대의 길이만큼 커지는 거대 익룡이다. 비행 속도가 엄청나게 빨라 시속 170km에 이르는 속도로 지상의 생물을 노린다. 작은 공룡은 순식간에 부리로 물어 하늘로 낚아채 간다. 땅 위를 걸어 다니기도 한다.

공룡 30

파키케팔로사우루스

공룡 정보 ▸몸길이: 약 5m ▸몸무게: 450kg 이상

배틀 기술

기술	등급
박치기	A
빠른 발 방어	A
꼬리 공격	B

필살기

박치기 카운터

적의 이빨이나 발톱을 머리로 으스러뜨린다.

두꺼운 머리뼈를 지닌 박치기 공룡

튀어나온 정수리는 25cm의 두껍고 단단한 뼈로 이루어졌다. 목의 구조로 보아 공격에 사용되지 않았다는 설도 있지만, 적에게 큰 타격을 입히는 무기였을 가능성이 높다. 몸이 가벼우며 뒷다리가 길게 발달해 민첩하게 움직일 수 있었다. 얼굴에 솟은 가시도 공격의 위력을 높인다.

1회전

하늘에서 떨어지는 낙하물을 조심하라?

배틀 15 케찰코아틀루스 VS 파키케팔로사우루스

석양에 물드는 해변가

1 바다 쪽에서 케찰코아틀루스가 다가옵니다! 파키케팔로사우루스는 경계하며 나무 밑으로 몸을 숨기는데요!

※파키케팔로사우루스는 머리에서 얼굴 일부분까지 돔 모양으로 매우 단단하다.

2 한숨 돌리던 파키케팔로사우루스 머리에 엄청난 충격이 전해집니다! 케찰코아틀루스가 야자열매를 떨어뜨렸군요. 파키케팔로사우루스의 머리뼈에 떨어진 야자열매는 산산조각이 나고 맙니다!

3 케찰코아틀루스가 다시 돌진해 옵니다. 이번에는 파키케팔로사우루스를 향해 똑바로 날아오는데요! 파키케팔로사우루스가 간발의 차이로 몸을 피하자 케찰코아틀루스의 부리는 모래밭에 박히고 맙니다. 그 틈을 노린 파키케팔로사우루스가 이번에는 꼬리를 휘둘러 반격하는군요!

※케찰코아틀루스는 이빨은 없지만, 머리를 포함한 부리의 크기가 약 3m나 되어 먹잇감을 통째로 삼킨다.

4 이어서 필살의 박치기를 시도하는 파키케팔로사우루스! 하지만 공격당하기 직전에 부리를 뽑아낸 케찰코아틀루스가 파키케팔로사우루스를 그대로 물어 버립니다!

공룡

31 에오랍토르

공룡 정보	▶몸길이: 약 1m	▶몸무게: 약 10kg

배틀 기술

기술	등급
발톱 공격	B
물어뜯기	B
빠른 발 방어	A

필살기

초고속 물기

목을 빠르게 움직여 연속으로 물어뜯는다.

적을 무너뜨리는 빠른 발과 물어뜯기

소형이지만 운동 능력이 뛰어나며 활발하게 움직여 적을 혼란에 빠뜨린다. 앞발의 작은 발톱과 면도날 같은 이빨로 쉴 새 없이 공격한다. 대형 공룡에게 싸움을 도발하는 대표적인 소형 공룡이다. 목을 유연하게 움직이며 물어뜯는 방식도 다양하다. 상대는 이런 움직임에 대응하지 못한다.

공룡

32 아마르가사우루스

공룡 정보	▸몸길이: 약 9m	▸몸무게: 약 6t

배틀 기술

몸통 공격	B
돌기 방어	A
꼬리 공격	B

필살기

머리 흔들기

발달한 목을 흔들어 머리로 들이받는다.

목에 긴 돌기가 돋은 수수께끼 공룡

긴 목에 가시처럼 생긴 뾰족한 돌기가 이어졌으며 등에서 꼬리까지 돛처럼 생긴 돌기가 돋아 있다. 생태에 관해서는 아직 신비에 싸여 있지만, 뾰족한 돌기는 몸을 지키기 위한 방어 역할을 했다고 추측한다. 뾰족한 돌기는 50cm에 이르며 상대에 따라서는 위협적이었을 것이다.

1회전

거대 공룡을 가로막는 작은 공룡의 전략은?

배틀 16 에오랍토르 VS 아마르가사우루스

육교가 있는 넓은 도로

1
갑자기 튀어나온 에오랍토르가
아마르가사우루스의 뒷다리를 물어뜯는데요!
아마르가사우루스는 뒷다리를 흔들어
에오랍토르를 튕겨 버립니다.

※에오랍토르의 이빨은
면도날처럼 날카롭다.

2
에오랍토르의 모습이 보이지 않는군요. 아마르가사우루스가 주변을 둘러보며
육교 밑을 통과하는 순간, 머리 위로 뛰어내리는 에오랍토르!

※아마르가사우루스의 높이는 3m 이상이다.

3
아마르가사우루스는 목을 흔들어 떨어뜨리려 하지만, 에오랍토르는 목의 돌기를 붙잡고 버티며 앞발로 아마르가사우루스의 눈을 찌르는데요!
그아아악
※아마르가사우루스의 돌기는 최대 50cm나 된다.
쾅
4
당황한 아마르가사우루스가 목을 크게 휘두릅니다! 하지만 그대로 육교에 머리를 충돌하며 쓰러지고 마는군요.
에오랍토르의 승리!

총 16 배틀

1회전 결과 발표

배틀			
배틀 1	데이노니쿠스	VS	센트로사우루스
배틀 2	템노돈토사우루스	VS	리오플레우로돈
배틀 3	헤레라사우루스	VS	롱기스쿠아마
배틀 4	트리케라톱스	VS	파솔라수쿠스
배틀 5	타르보사우루스	VS	오로드로메우스
배틀 6	이구아노돈	VS	코엘로피시스
배틀 7	바리오닉스	VS	켄트로사우루스
배틀 8	프테라노돈	VS	벨로키랍토르
배틀 9	스테고사우루스	VS	기간토랍토르
배틀 10	사이카니아	VS	카르노타우루스
배틀 11	파라사우롤로푸스	VS	사우로펠타
배틀 12	에오시놉테릭스	VS	루곱스
배틀 13	민미	VS	유티라누스
배틀 14	안킬로사우루스	VS	나자쉬
배틀 15	케찰코아틀루스	VS	파키케팔로사우루스
배틀 16	에오랍토르	VS	아마르가사우루스

몸집의 크기는 승패를 좌우하지 않는다!

1회전에서는 체격 차이가 큰 생물들의 배틀이 눈에 띄었다. 하지만 몸집이 큰 공룡이 8승, 작은 공룡이 8승을 거둬 반드시 체격 크기로 승패가 결정되지 않는다는 사실이 증명되었다. 승패를 결정한 것은 대부분 상대의 공격을 피한 후의 반격이었다. 또한 사우로펠타나 민미처럼 온몸을 갑옷으로 두른 생물들은 방어하면서 상대에게 타격을 입히는 전략으로 승리를 거두었다. 하지만 2회전부터 등장하는 생물은 모두 11m 이상의 거대 공룡이다. 한 방의 위력도 훨씬 강력해 방어력이 어디까지 통할지 예측할 수 없다.

알로사우루스
VS
P94
데이노니쿠스
스피노사우루스
VS
P96
템노돈토사우루스
데이노케이루스
VS
P100
헤레라사우루스
아파토사우루스
VS
P102
트리케라톱스
토르보사우루스
VS
P106
타르보사우루스
기가노토사우루스
VS
P108
이구아노돈
모사사우루스
VS
P112
바리오닉스
배틀 시작!
2회전
총 16 배틀
엘라스모사우루스
VS
P114
프테라노돈
아람보우르기아니아
VS
P122
스테고사우루스
티라노사우루스
VS
P124
사이카니아
아크로칸토사우루스
VS
P128
사우로펠타
아르겐티노사우루스
VS
P130
에오시놉테릭스
테리지노사우루스
VS
P134
민미
데이노수쿠스
VS
P136
안킬로사우루스
브라키오사우루스
VS
P140
케찰코아틀루스
카르카로돈토사우루스
VS
P142
에오랍토르

공룡

33 알로사우루스

공룡 정보	▸몸길이: 약 12m	▸몸무게: 3t 이상

배틀 기술

박치기 공격	A
몸통 공격	A
몸통 누르기	A

필살기

이빨 난도질 공격

몇 번이고 물어뜯어 상대에게 상처를 입힌다.

날카롭고 커다란 이빨을 가진 포식자

티라노사우루스보다 조금 작은 육식 공룡이다. 화석에서 스테고사우루스의 가시 자국이 발견되어 같은 시대에 사투를 벌였을 것으로 추정한다. 스테이크 칼처럼 뾰족한 이빨로 사냥감을 찢어 버린다. 깊은 상처를 입히는 필살의 흉기이다.

공룡

34 스피노사우루스

공룡 정보 ▶몸길이: 약 15m ▶몸무게: 10t 이상

배틀 기술

물어뜯기	A
꼬리 공격	A
몸통 공격	S

필살기

거대 발톱과 물어뜯기

발톱으로 찍어 움직임을 차단하고 물어뜯는다.

육지와 물속에서 싸우는 최대급 육식 공룡

육지에 사는 육식 공룡 중 가장 거대한 몸집을 자랑한다. 3개의 날카로운 발톱과 악어 이빨처럼 원뿔형인 이빨로 적의 숨통을 끊어 버린다. 주로 물가에서 생활하며 매우 발달한 꼬리를 이용해 물속을 이동할 수도 있다. 물과 육지에서 압도적인 힘으로 다양한 공격을 펼친다.

2회전
강적을 상대로 역동적인 배틀 플레이
배틀 1 알로사우루스 VS 데이노니쿠스
벚꽃 휘날리는 성과 정원
슉
다 다 다 다
쿵
1
낮은 자세로 돌진하는 알로사우루스! 데이노니쿠스가 민첩하게 몸을 피하자 알로사우루스는 벚나무에 머리를 들이받고 마는데요!
※데이노니쿠스 뒷다리의 갈고리발톱은 달릴 때는 아래를, 후려칠 때는 위를 향한다.
칵
2
키가 6m나 되는 알로사우루스가 벚나무에 가로막힙니다! 데이노니쿠스는 알로사우루스의 뒷다리를 갈고리발톱으로 공격하는군요!

3
알로사우루스는 고통을 참으며
벚나무를 통째로 물고 반격에 나섭니다!
간발의 차이로 도망치는 데이노니쿠스!
와그작
그아악
쿵
!?
푸욱
4
도망치던 데이노니쿠스는
돌담에 가로막히지만,
돌담을 박차고 점프해 알로사우루스
머리에 갈고리발톱을 찔러 넣습니다!
데이노니쿠스의
승리!

2회전

10m가 넘는 공룡의 수중 정면 승부

배틀 2 스피노사우루스 VS 템노돈토사우루스

오리 배가 떠 있는 연못

1 템노돈토사우루스가 오리 배를 차례로 쓰러뜨리며 물가로 접근하는데요! 스피노사우루스는 조용히 기다립니다.

※템노돈토사우루스는 범고래처럼 높이 점프한다.

2 스피노사우루스는 수면에 비치는 템노돈토사우루스의 그림자를 정확히 겨냥해 다리에서 높이 점프합니다! 그러자 템노돈토사우루스 역시 물속에서 튀어나오는데요!

3
템노돈토사우루스가 스피노사우루스의 앞다리를 물어뜯지만,
스피노사우루스는 다른 한쪽 앞다리 발톱으로
템노돈토사우루스의 눈을 찌릅니다!
콱
4
한쪽 눈을 다쳐 방향 감각을 잃은
템노돈토사우루스의 몸이 옆으로
기울어지는데요!
스피노사우루스가 잽싸게
템노돈토사우루스의 목을
물어뜯습니다!
훌렁
덥석
크아악
스피노사우루스의 승리!

공룡

35 데이노케이루스

공룡 정보	▶몸길이: 약 11m	▶몸무게: 약 6.5t

배틀 기술

앞발 펀치	B
부리 공격	A
몸통 공격	A

필살기

연속 갈고리발톱 공격

갈고리발톱으로 몸통이 찢어지도록 공격한다.

긴 앞다리로 휘두르는 공포의 갈고리발톱

강인하게 발달한 뒷다리로 폭발적인 스피드를 뿜어낸다. 기다란 앞다리를 뻗어 날카로운 3개의 갈고리발톱으로 공격하는 것이 특징이다. 이름은 '무서운 팔'이라는 뜻이다. 적이 나타나면 재빨리 쫓아가 부리와 갈고리발톱을 휘둘러 쓰러뜨린다.

공룡 36

아파토사우루스

공룡 정보 ▶몸길이: 약 21m ▶몸무게: 약 20t

배틀 기술

기술	등급
머리 공격	S
꼬리 공격	A
물어뜯기	B

필살기

몸통 누르기

거대한 몸집으로 상대를 덮쳐 땅으로 짓누른다.

어떤 공격도 허용하지 않는 압도적인 안정감

브라키오사우루스나 아르젠티노사우루스보다 목이 두껍고 몸무게는 무려 20t에 이른다. 무리 지어 살며 숲속의 나뭇잎을 먹었다고 한다. 6m의 목과 11m의 꼬리로 공격하면 육식 동물에게도 큰 타격을 입힐 수 있었다. 압도적으로 거대한 몸집 때문에 적이 쉽게 다가오지 못했을 것이다.

2회전

박진감 넘치는 고속 펀치와 고속 방어 배틀

배틀 3 데이노케이루스 VS 헤레라사우루스

화산 분화구의 먼지 속

1

데이노케이루스가 앞발의 갈고리발톱으로 연속 공격을 퍼붓습니다! 헤레라사우루스는 상처를 입으면서도 재빠르게 공격을 피하는군요.

※데이노케이루스의 앞다리 길이는 2m가 넘으며 3개의 날카로운 발톱이 달렸다.

2

화가 난 헤레라사우루스가 고속 물어뜯기를 시도하지만, 분화구에서 바람을 타고 연기가 흘러나와 움직이지 못합니다. 그 순간, 데이노케이루스의 카운터 펀치가 날아오는군요!

3
쓰러진 헤레라사우루스는 어떻게든 일어나 도망치려 하지만,
상처가 깊어 속도를 내지 못하고 분화구 가장자리까지 몰리고 마네요.
떨어지면 끝장입니다!
크아아악
4
데이노케이루스는 부리 공격으로 결정타를 날립니다!
하지만 재빠르게 공격을 피하는 헤레라사우루스!
공격이 빗나간 데이노케이루스는 분화구로 떨어지고 마는군요.
헤레라사우루스의 승리!

2회전

습지대의 진검승부, 의외의 함정을 조심하라!

배틀 4 아파토사우루스 VS 트리케라톱스

발을 내딛기 어려운 습지대

1 배틀 시작과 동시에 트리케라톱스가 돌진하지만 습지대라 속도를 낼 수 없군요. 선제공격이 막힌 트리케라톱스는 아파토사우루스의 발차기에 멀리 튕겨 나갑니다.

※아파토사우루스의 목 길이는 6m나 되며 두껍다.

2 트리케라톱스가 아파토사우루스의 거대한 목을 정확히 겨냥해 뿔을 찌르는데요! 하지만 이번에도 아파토사우루스의 엄청난 기세에 나가떨어지고 마는군요.

3
타격을 입은 아파토사우루스는 빨리 싸움을 끝내려고 합니다.
트리케라톱스에게 돌진하다 갑자기 멈춰 서는데요! 늪에 빠져
몸이 점점 가라앉기 시작합니다!
그아악
스르륵
푸욱
4
아파토사우루스는 간신히 목을 휘둘러보지만,
아파토사우루스의 몸통에 올라탄 트리케라톱스가
무게를 실어 뿔로 찔러 버립니다!
트리케라톱스의 승리!

공룡

37 토르보사우루스

공룡 정보	▸몸길이: 약 12m	▸몸무게: 2.5t 이상

배틀 기술

물어뜯기	A
발톱 공격	A
몸통 공격	S

필살기

거대 머리 공격

낮은 자세로 돌진해 거대한 머리로 들이받는다.

쥐라기 최대 크기의 포악한 육식 공룡

'야만적인 도마뱀'이라 불릴 만큼 쥐라기의 육지 최상위 포식자였다. 두개골의 크기만 1.6m에 달하며 두껍고 강력한 칼 모양의 이빨을 지녔다. 백악기의 티라노사우루스에 맞먹는 체격으로, 날카로운 갈고리발톱이 달린 앞다리가 발달했다.

공룡

38 기가노토사우루스

공룡 정보 ▸몸길이: 약 14m ▸몸무게: 7.5t 이상

배틀 기술

물어뜯기	A
몸통 공격	S
누르기	S

필살기

초강력 물어뜯기

물어뜯은 후 얼굴을 좌우로 흔들어 찢어 놓는다.

시속 50km로 폭주하는 거대한 육식 공룡

티라노사우루스보다 커다란 거대 육식 공룡이다. 앞다리에 달린 날카로운 3개의 발톱과 스테이크 칼 모양의 날카로운 이빨이 최대 무기다. 거대한 몸집에도 시속 50km로 달릴 수 있어 도망치는 먹잇감을 놓치지 않는다. 거대한 몸집으로 사냥감을 밟아 으스러뜨리기도 한다.

2회전

배틀 5

빙판 위의 정면 대결

토르보사우루스 VS 타르보사우루스

해 질 녘 극한 지대

1 양쪽 모두 머리를 맞대며 들이받습니다.
몸이 무거운 타르보사우루스가 밀어붙이자
땅에 금이 가기 시작하는데요! 이곳은 빙판 위였군요!

2 일단 떨어져 장소를 이동하는 토르보사우루스를 향해
새끼 타르보사우루스가 돌진해 옵니다! 토르보사우루스가
앞다리 발톱을 휘두르자 새끼 타르보사우루스는
재빠르게 공격을 피하며 토르보사우루스의
다리 사이로 빠져나가는데요!

※새끼 타르보사우루스는
크기가 약 2m이며,
민첩하게 움직인다.

3 토르보사우루스가 머리를 숙인 순간, 물어뜯는 타르보사우루스!
그 충격으로 땅이 갈라지기 시작합니다!

4 결국 빙판이 무너지고 마는군요! 양쪽 모두 발을 헛디디며
균형을 잃고 맙니다! 그 순간, 토르보사우루스의 발톱이
타르보사우루스의 가슴을 찌릅니다!

대형 공룡을 도발하는 암흑 속 합동 작전

배틀 6 기가노토사우루스 VS 이구아노돈

샛길이 많은 주택가

1

적을 찾아 어슬렁거리는 기가노토사우루스를 향해 이구아노돈 3마리가 달려듭니다. 이구아노돈은 기가노토사우루스의 뒷다리를 발톱으로 공격하는데요!

※이구아노돈의 앞다리 엄지발가락에는 날카로운 발톱이 솟아 있다.

2

기가노토사우루스가 다리를 휘둘러 튕겨내자 3마리의 이구아노돈은 더 공격하지 않고 주택가로 모습을 감춥니다. 기가노토사우루스를 지치게 만드는 작전이군요!

3
암흑 속에서 보이지 않을 거라고 생각한 이구아노돈!
하지만 기가노토사우루스가 어느새 바싹 다가서는데요!
그 순간, 주택 현관의 조명 센서가 켜지며 주변이 밝아집니다.
번쩍
스윽
※기가노토사우루스는 후각이 발달해
사냥감을 찾아내는 능력이 뛰어나다.
휘릭
덥석
휘릭
석
4
이구아노돈 3마리가 동시에 공격해 보지만, 이미 늦었습니다.
이구아노돈 2마리를 물리친 기가노토사우루스가
나머지 한 마리를 물어 해치우는군요!
기가노토사우루스의
승리!

39 모사사우루스

공룡 정보 ▶몸길이: 약 17m ▶몸무게: 30t 이상

배틀 기술

기술	등급
몸통 공격	S
물어뜯기	S
꼬리지느러미 공격	A

필살기

회전 물기

상대 몸통을 물고 비틀어 몸통 깊숙이 물어뜯는다.

거대 몸집으로 바다를 호령하는 절대 강자

머리 크기가 사람만 한 거대 몸집의 포식자이다. 빼곡하게 들어찬 거대 원뿔형 이빨로 사냥감을 단숨에 제압한다. 팔다리가 지느러미처럼 진화해 물속에서도 급가속할 수 있었을 것으로 추정된다. 상어와 비슷한 꼬리지느러미로 헤엄치며 악어처럼 난폭하게 사냥감을 난도질한다.

수장룡

40 엘라스모사우루스

공룡 정보 ▶몸길이: 약 14m ▶몸무게: 불명확

배틀 기술

물어뜯기	A
목으로 휘감기	B
지느러미 공격	B

필살기

원거리 공격

먼 곳에서 목을 뻗어 단숨에 물어뜯는다.

긴 목을 자유자재로 뻗어 기습 공격

몸통 길이의 절반에 가까운 목은 70개가 넘는 뼈로 이루어져 자유롭게 움직일 수 있다. 평소에는 느긋하게 헤엄치다 사냥감을 발견하면 재빨리 목을 뻗어 물어뜯는다. 일부 표본에서 익룡의 잔해가 발견된 점으로 보아, 수면 위로 머리만 내밀어 수면 근처의 사냥감을 노렸을 가능성도 제기된다.

2회전
배틀 7
바다의 절대 강자와 맞붙는 격렬한 배틀
모사사우루스 VS 바리오닉스
도시에 둘러싸인 인공 만
1
모사사우루스가 물가로 다가오자 물속으로 뛰어드는 바리오닉스! 발톱으로 찍으며 물어뜯습니다!
※바리오닉스의 앞발의 발톱은 25cm나 된다.
※바리오닉스도 수심이 얕은 곳에서는 이동할 수 있다.
구
구
구
웅
2
몸통을 회전시켜 공격에서 벗어난 모사사우루스는 육지를 향해 도망치는 바리오닉스를 필사적으로 쫓아갑니다!

3
육지를 눈앞에 둔 바리오닉스! 하지만 모사사우루스가 더 빠릅니다.
모사사우루스의 몸통 공격에 바리오닉스는 튕겨 나가는데요!
하지만 수심이 얕아 모사사우루스의 움직임이 급격히 둔해지네요.
쿠
웅
두리번
두리번
콰
악
※모사사우루스의
무는 힘은 악어나
범고래보다 훨씬 세다.
4
몸을 일으킨 바리오닉스가 모사사우루스를 찾고 있는데요.
그 순간, 모사사우루스가 물속 바닥을 꼬리로 차고 올라와
바리오닉스를 물어 버립니다!
모사사우루스의
승리!

2회전

바다 위의 격돌! 폭풍이 승패에 미치는 영향은?

배틀 8 엘라스모사우루스 VS 프테라노돈

모래 언덕이 있는 해안가의 거친 바다

※폐 호흡을 하는 엘라스모사우루스는 수면 위로 얼굴을 내밀고 호흡했을 것이다.

1 수면 위로 올라와 숨을 쉬는 엘라스모사우루스를 향해 프테라노돈이 돌진하지만, 모래 폭풍이 불어 균형을 잃고 마는데요!

2 기척을 느낀 엘라스모사우루스가 목을 세차게 휘두르며 공격합니다! 프테라노돈은 충격을 견디며 날아오르는군요.

※엘라스모사우루스의 목에는 뼈가 72개나 있어 자유롭게 움직일 수 있다.

3
프테라노돈이 공격할 수 있는 기회는 엘라스모사우루스가
물 위로 올라왔을 때뿐인데요! 모래 폭풍이 지나간 뒤 먼 바다로 향하는
엘라스모사우루스의 그림자를 발견합니다!
부우아앙
※엘라스모사우루스는 헤엄칠 때
목을 똑바로 뻗는다.
※프테라노돈은 기류에
올라타면 비행 속도가
빨라진다.
퍼석
4
기류에 올라탄 프테라노돈이 돌진합니다!
수면 위로 올라온 엘라스모사우루스는 입을 벌려
물어뜯으려 하는데요! 하지만 프테라노돈의
부리가 엘라스모사우루스 입을 관통하고 맙니다!
프테라노돈의
승리!

진화의 비밀 발굴 보고서

새와 공룡의 관계를 파헤치다!

보고서 1 새는 현대에 사는 공룡일까? 새와 공룡의 놀라운 관계

공룡은 멸종했다는 것이 상식이지만, 관점을 달리하면 공룡은 오늘도 생존해 있다. 공룡에서 진화한 생물이 바로 현재의 조류이기 때문이다. 진화 과정에서 '여기까지가 공룡이고 여기부터는 새'라고 선을 명확히 그을 수 없으므로, 어떤 의미에서 조류는 공룡의 한 갈래라고 할 수 있다. 특히 조류는 공룡 가운데 수각류라는 무리에서 진화했다. 커다란 날개를 지닌 케찰코아틀루스나 프테라노돈 같은 익룡은 사실 조류의 조상이 아니다. 조류의 날개가 깃털로 덮여 있는 반면, 익룡의 날개는 피부막으로 이루어져 있다. 조류의 날개깃은 데이노니쿠스나 벨로키랍토르 등 일부 수각류가 지닌 다양한 깃털에서 점차 발달한 것으로 이해된다. 또한 수각류 일부에는 '차골(빗장뼈가 결합한 V자 모양의 뼈)'이 존재한다. 차골은 현대의 조류에서 잘 발달한 뼈로, 이들 집단의 공통 조상을 가리키는 중요한 증거이다.

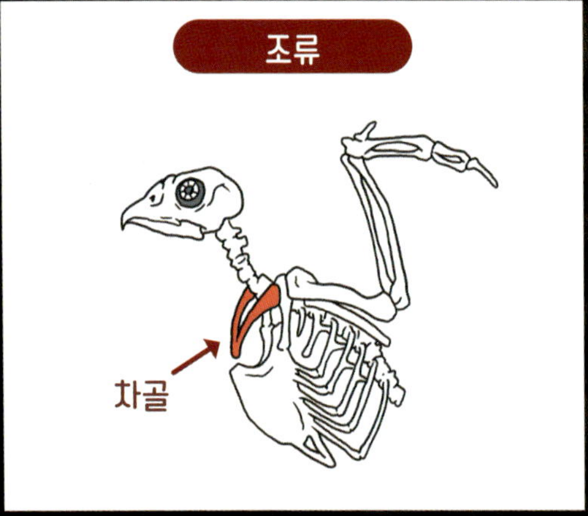

차골은 가슴 앞쪽에 있는 뼈로, 양쪽 빗장뼈가 서로 결합해 하나의 뼈를 이룬 것이다. 날갯짓하는 동안 어깨를 지지하며 용수철처럼 작용한다. 차골은 현생 동물에서는 조류에서만 확인되지만, 비조류 수각류 공룡의 화석에서도 발견된다.

보고서 2 새의 조상인 '아르카이옵테릭스'

'시조새'로 알려진 아르카이옵테릭스는 전통적으로 가장 이른 시기의 조류로 간주해 왔다. 깃털은 본래 보온·과시 등의 기능에서 출발해 일부 계통에서 비행에 활용되었다는 해석이 널리 받아들여진다. 다만 최근 연구를 종합하면 아르카이옵테릭스가 현대 조류의 직접적인 선조라고 단정하기는 어렵다는 견해가 우세하다.

아르카이옵테릭스가 보고된 1861년 당시에는 '깃털이 있으면 조류'라는 생각이 상식이었다. 그러나 1990년대 이후 중국 등지에서 깃털을 가진 공룡이 다수 발견되면서 그 상식은 수정되었고, 아르카이옵테릭스의 정확한 분류학적 위치도 재평가되었다. 현재는 아르카이옵테릭스와 현대 조류가 조상은 같지만, 아르카이옵테릭스가 새의 직접 조상은 아니라는 해석이 일반적이다.

참고로 아르카이옵테릭스는 비대칭 날개깃과 차골 등 형태적 특징으로 보아 전혀 날지 못했다기보다는 단거리의 제한적 능동 비행이나 활공할 수 있었을 것으로 추정된다.

아르카이옵테릭스

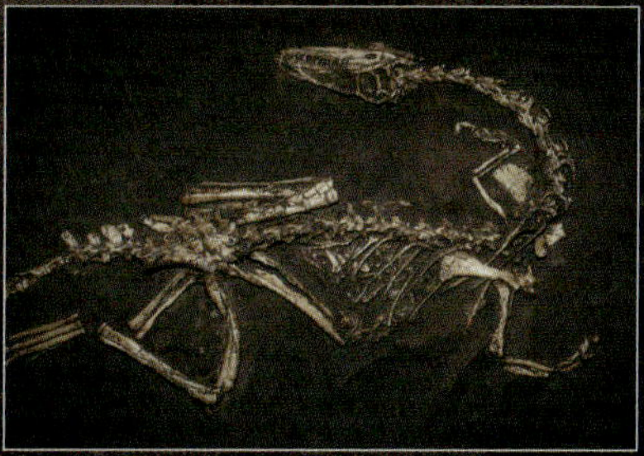

1861년 독일에서 처음 보고된 아르카이옵테릭스 화석은 조류 기원 연구의 중요한 계기가 되었다.

보고서 3 새와 공룡을 이어준 깃털 공룡의 발견

1996년 중국 북동부에서 시노사우롭테릭스라는 공룡의 화석이 발견되면서, 깃털(또는 그 원시 형태)을 가진 공룡의 존재가 본격적으로 알려졌다. 이후 중국을 중심으로 깃털을 지닌 공룡이 잇따라 보고되었다. 이렇게 깃털이 있는 공룡을 '깃털 공룡'이라고 한다. 깃털 공룡 중 다수는 수각류로, 깃털의 존재는 조류와 수각류가 공통 조상을 지닌다는 근거 가운데 하나가 되었다.

깃털 공룡의 깃털은 비행을 위한 구조라기보다 체온을 유지하는 보온 기능을 했을 것으로 추정된다. 깃털 공룡이 많이 발견되는 중국 북동부는 겨울이 추운 지역이다. 한편 티라노사우루스 등의 대형 수각류도 깃털 공룡이었을 가능성이 제기되지만, 티라노사우루스가 서식했던 백악기 후기 북아메리카의 따뜻한 기후와 대형 체구를 고려하면 그 가능성은 낮았을 것이라는 견해가 있다.

1996년 중국 북동부에서 보고된 시노사우롭테릭스 화석에서는 멜라노솜(멜라닌 색소를 담는 세포 소기관)이 확인되었고, 이는 현대의 조류에서도 나타난다.

거대한 깃털 공룡 유티라누스

유티라누스 몸길이: 약 9m

한때 공룡 시대에 서식했던 조류와 소형 수각류에만 깃털이 있었다고 여겨졌으나, 유티라누스 표본에서 깃털 흔적이 확인되면서 대형 수각류도 깃털을 지녔을 가능성이 주목받았다.

보고서 4 공룡이 멸종된 뒤에도 지구에 살아남은 조류

지금으로부터 약 6600만 년 전, 공룡은 멸종했다. 거대한 소행성이 지구에 충돌해 대기 중으로 퍼진 파편과 먼지가 태양 빛을 가려 기후가 급격히 냉각되었다. 식물이 제대로 자라지 못하면서 초식 동물이 큰 타격을 받았고, 그 여파로 생물의 약 75%가 사라졌지만 조류의 일부는 살아남았다.

살아남은 이유 가운데 하나는 몸집이었다. 조류는 몸이 비교적 작아 필요한 먹이양이 상대적으로 적었을 것이다. 공룡 멸종 이후 지구는 신생대에 접어들었고, 조류는 다양하게 분화·진화해 갔다. 그중에는 가스토르니스와 아르젠타비스처럼 공룡에 견줄 만큼 거대한 조류도 나타났다. 이들은 한동안 생태계의 상위권을 차지했다. 이후에도 진화와 멸종을 거듭하며 조류는 오늘날까지 살아남았다.

공룡의 멸종 후 거대화한 조류가 있다!

가스토르니스

대형 멸종 조류로 몸의 높이는 약 2m였다. 날개가 작아 날지 못한 것으로 보이며, 공룡 멸종 이후 대형 육상 조류로 번성하였다.

아르젠타비스

날개를 펼친 크기는 약 7m로, 알려진 가장 큰 비행 조류 중 하나이다. 빙하기가 되면서 멸종했다.

익룡

41 아람보우르기아니아

공룡 정보 ▶몸길이: 약 11m(날개 펼쳤을 때) ▶몸무게: 약 200kg

배틀 기술

부리 공격	A
비행 미사일	S
날개 후려치기	B

필살기

부리 찍기

거대한 부리로 지면을 향해 내리꽂는다.

역사상 최대 크기인 플라잉 몬스터

비행할 수 있는 최대 크기의 생물이라는 연구가 있을 정도로 거대하다. 목뼈 화석만 발견되고 있어서 아직 풀리지 않은 수수께끼가 많다. 인간 크기의 부리로 사냥감을 단번에 쓰러뜨린다. 대형 공룡이 나타나면 하늘로 도망쳤다가 적의 빈틈을 노린다.

공룡

42 티라노사우루스

공룡 정보 ▸몸길이: 약 12m ▸몸무게: 약 6t

배틀 기술

물어뜯기	S
몸통 공격	S
머리 공격	A

필살기

초강력 물어뜯기

턱의 힘을 집중해 상대를 분쇄한다.

역사상 최강이라 불리는 최상위 포식자

근육질의 거대한 몸집을 지녔으며 압도적인 턱의 힘으로 무엇이든 물어뜯는다. 이빨이 다른 공룡에게서 볼 수 없을 만큼 크고 날카롭다. 후각과 시각이 발달했으며 잠복과 단거리 추격을 병행한 사냥이 가능했다. 빈틈을 보이는 순간 치명상을 입힐 수 있는 파괴력을 지녔다.

2회전

상상 초월 부리 공격 vs 상상 초월 골판 방어 대결

배틀 9 아람보우르기아니아 VS 스테고사우루스

큰 나무가 있는 광활한 호수

1 아람보우르기아니아는 땅 위로 내려오더니 갑자기 스테고사우루스를 부리로 찌릅니다! 간발의 차로 몸을 피하는 스테고사우루스!

2 아람보우르기아니아가 달아나는 스테고사우루스를 향해 부리로 연속 공격을 퍼붓지만 좀처럼 적중하지 않습니다. 스테고사우루스도 체력이 바닥난 모양이네요.

3
갑자기 공격을 멈추는 아람보우르기아니아! 땅에 부리가 박혀 빼내느라 정신이 없는데요! 전세가 뒤집히자 스테고사우루스는 꼬리 공격을 시작합니다!
갸악
푹
푹
푹
콱
※아람보우르기아니아의 뼈는 몸을 가볍게 하기 위해 속이 비어 있다.
4
그러나 얼마 못 가 스테고사우루스의 다리가 울퉁불퉁한 땅에 빠지고 마는데요. 기회를 놓치지 않은 아람보우르기아니아가 부리 공격을 재차 시도합니다! 스테고사우루스가 골판으로 막아 보지만, 끝내 부리가 몸통을 관통하는군요!
쿠
욱
아람보우르기아니아의 승리!
※아람보우르기아니아의 부리는 2m에 이르며 강력하다.

2회전
초강력 턱 공격이 철벽 갑옷을 뚫을까?
배틀 10 티라노사우루스 VS 사이카니아
골프장 벙커
크아악
!?
1
티라노사우루스는 모래 속에 숨은 사이카니아를 알아챕니다! 뒷다리로 밟으려 하지만, 사이카니아 몸통의 돌기에 발바닥을 찔려 고통스러워하는군요!
※티라노사우루스는 시각과 후각이 발달해 감지 능력이 뛰어나다.
크악
타앙
2
티라노사우루스는 한쪽 다리를 끌며 벙커(모래 장해물)를 빠져나오지만, 사이카니아는 꼬리로 다친 다리를 공격합니다!
※사이카니아의 꼬리는 망치처럼 단단해 뼈를 부러뜨릴 만큼 위력이 강하다.

3
뜻밖의 전개로 유리해진 사이카니아는 잇달아 박치기를 시도합니다! 그 순간, 골프공이 날아와 사이카니아의 머리를 강타하는데요! 움직임을 멈춘 사이카니아!
?
딱
※티라노사우루스의 이빨은 두껍고 원뿔형에 가까워, 한입에 뼈를 으스러뜨릴 정도로 턱의 힘이 강력하다.
와그작
와그작
4
빈틈을 놓치지 않은 티라노사우루스가 사이카니아를 덥석 물어 버립니다. 사이카니아의 몸통 돌기가 입안을 찌르지만, 티라노사우루스는 턱의 힘을 풀지 않고 그대로 몸통을 으스러뜨리는군요!
티라노사우루스의 승리!

공룡

43 아크로칸토사우루스

공룡 정보 ▸몸길이: 약 12m ▸몸무게: 5t 이상

배틀 기술

몸통 공격	A
물어뜯기	B
몸통 방어	A

필살기

면도날 이빨 공격

이빨로 상대의 혈관을 찢어 대량 출혈을 유발한다.

새 이빨로 적을 쓰러뜨리는 육식 공룡

머리 뒤쪽에서 꼬리까지 이어진 돌기는 척추뼈이며, 몸의 균형을 맞추는 역할을 한다. 다리가 짧은 것 치고는 발이 빨라 시속 40km 정도로 달렸다고 한다. 날카로운 이빨은 부러져도 상어처럼 다시 자라는데, 이것은 언제든지 날카로운 이빨로 적을 공격할 수 있다는 의미이다.

공룡

44 아르젠티노사우루스

공룡 정보	▶몸길이: 약 35m	▶몸무게: 70t 이상

배틀 기술

머리 공격	S
몸통 공격	S
꼬리 공격	A

필살기

태클 받아치기

돌진해 오는 적을 거대한 몸집으로 튕겨 낸다.

대지를 흔드는 역사상 가장 크고 무거운 공룡

잔혹한 생존 경쟁을 이겨 내고 공룡의 멸종 시기까지 살아남은 초거대 공룡이다. 화석은 뼈 일부만이 발견되고 있어 추정 크기보다 더 거대할 수도 있다. 이토록 거대한 몸집에 밟히면 뼈와 살이 모두 으스러지고 만다. 목이나 등의 뼈가 많아 유연하게 움직였을 것으로 추측한다.

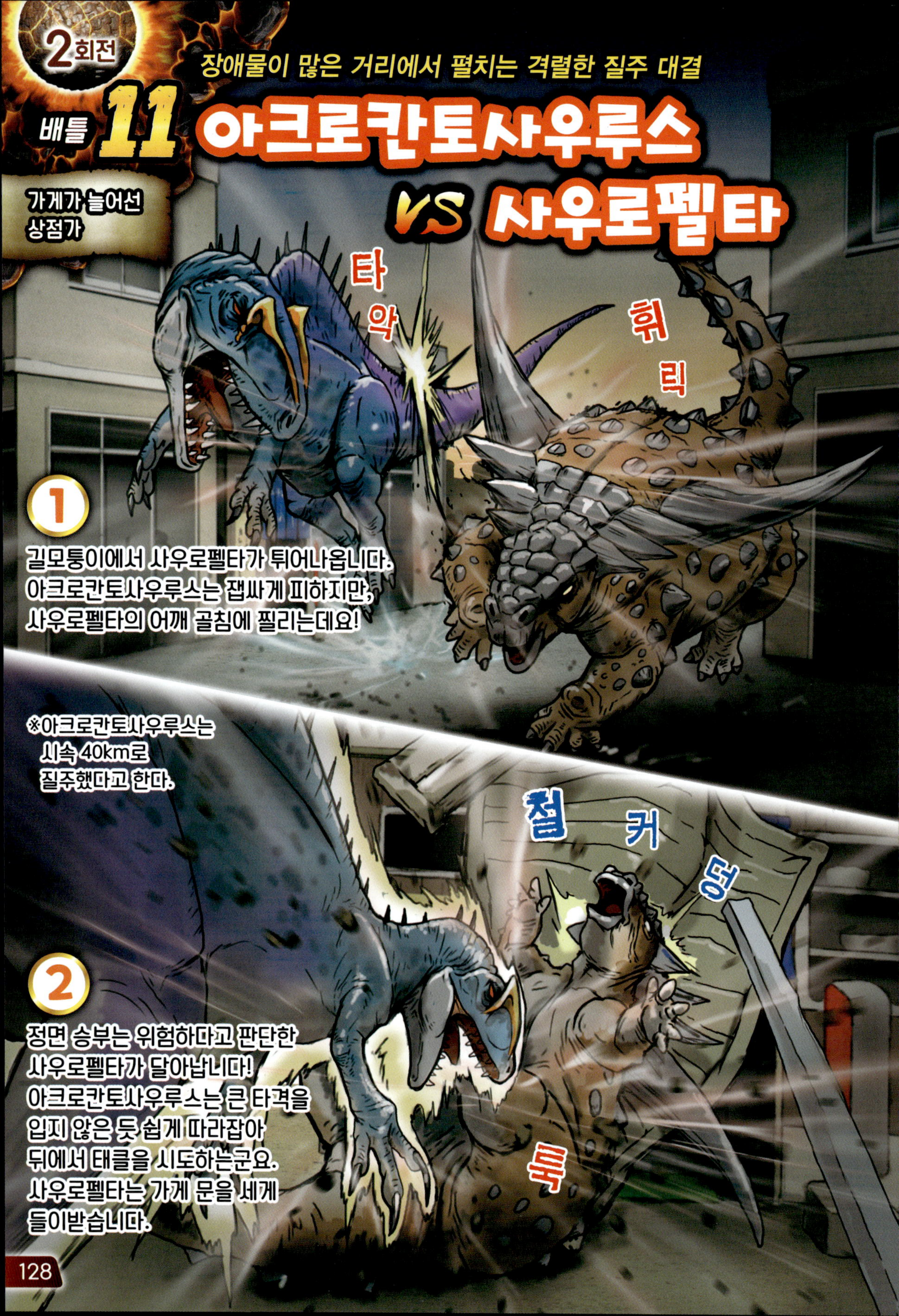

2회전
장애물이 많은 거리에서 펼치는 격렬한 질주 대결
배틀 11 아크로칸토사우루스 VS 사우로펠타
가게가 늘어선 상점가
타악
휘릭
1
길모퉁이에서 사우로펠타가 튀어나옵니다. 아크로칸토사우루스는 잽싸게 피하지만, 사우로펠타의 어깨 골침에 찔리는데요!
※아크로칸토사우루스는 시속 40km로 질주했다고 한다.
철커덩
2
정면 승부는 위험하다고 판단한 사우로펠타가 달아납니다! 아크로칸토사우루스는 큰 타격을 입지 않은 듯 쉽게 따라잡아 뒤에서 태클을 시도하는군요. 사우로펠타는 가게 문을 세게 들이받습니다.
툭

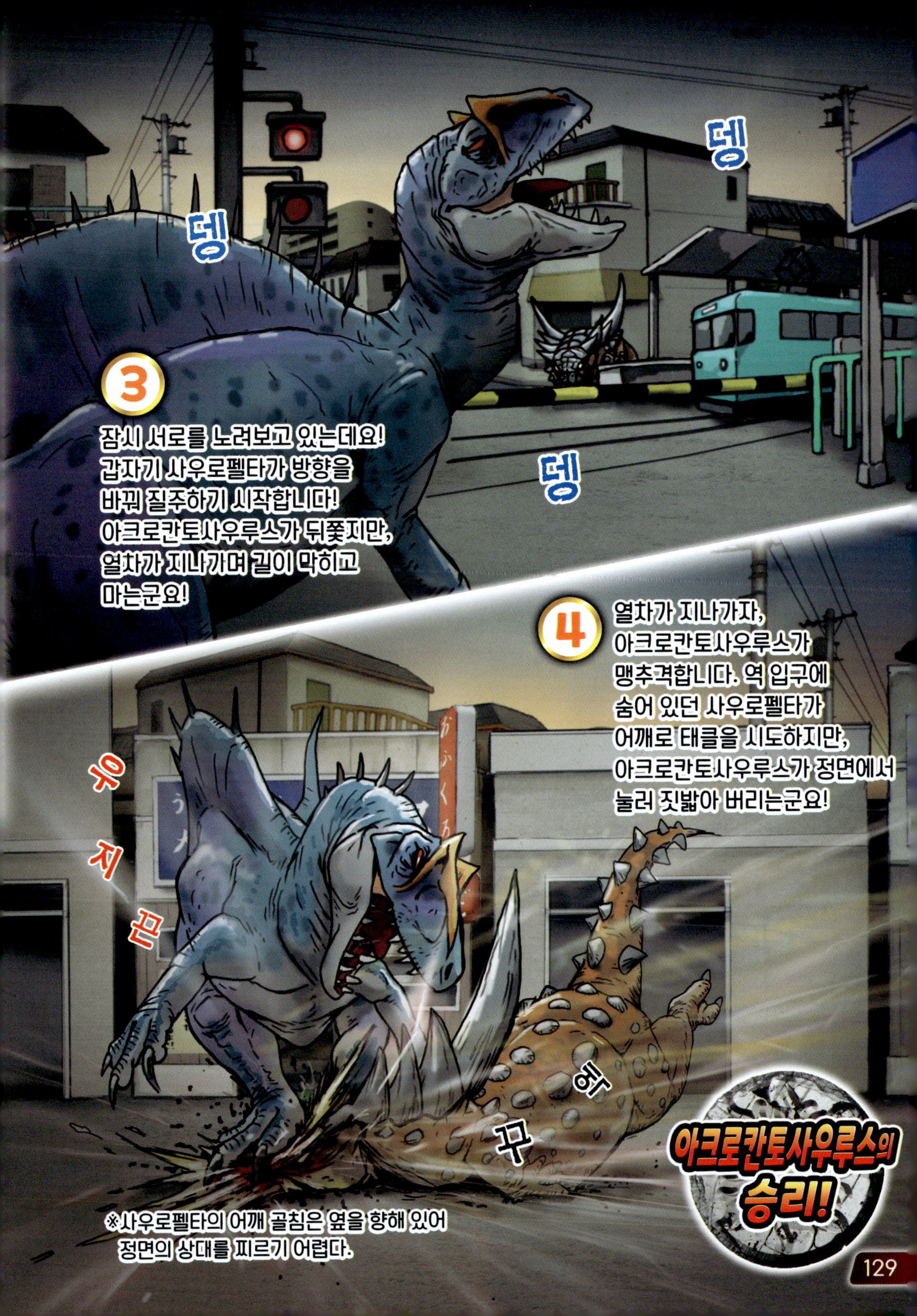

뎅
뎅
뎅
3
잠시 서로를 노려보고 있는데요!
갑자기 사우로펠타가 방향을
바꿔 질주하기 시작합니다!
아크로칸토사우루스가 뒤쫓지만,
열차가 지나가며 길이 막히고
마는군요!
4
열차가 지나가자,
아크로칸토사우루스가
맹추격합니다. 역 입구에
숨어 있던 사우로펠타가
어깨로 태클을 시도하지만,
아크로칸토사우루스가 정면에서
눌러 짓밟아 버리는군요!
우지끈
꾸
헉
※사우로펠타의 어깨 골침은 옆을 향해 있어
정면의 상대를 찌르기 어렵다.
아크로칸토사우루스의
승리!

2회전

최대 공룡와 최소 공룡 대결의 승패는?

배틀 12 아르젠티노사우루스 VS 에오시놉테릭스

초등학교 교정

3
머리 위로 내려앉은 에오시놉테릭스가 부리와 발톱으로 사정없이 후려치는데요! 아르젠티노사우루스는 저항하지 못합니다.
팍
팍
팍
팍
※아르젠티노사우루스가 머리를 치켜들면 빌딩의 5층보다 높아진다.
끄아악
에
취
4
그 순간, 분필 가루가 아르젠티노사우루스의 코에 들어가 재채기를 터뜨리는데요! 머리를 크게 휘두르는 바람에 에오시놉테릭스가 그대로 튕겨 나가 KO패하고 맙니다.
아르젠티노사우루스의 승리!

공룡

45 테리지노사우루스

공룡 정보	▸몸길이: 약 11m	▸몸무게: 5t 이상

배틀 기술

거대 낫 공격	A
뒷발차기	A
부리 공격	B

필살기

거대 낫 회오리 공격

발톱으로 상대를 찌른 뒤 돌려 상처를 깊게 만든다.

적을 갈기갈기 찢는 1m의 거대 낫

최대 무기는 앞발에 달린 길고 날카로운 발톱이다. 초식 공룡이지만, 공격받으면 육식 공룡 이상으로 난폭해진다. 거대한 낫 같은 발톱을 한 번 휘두르기만 해도 살을 찢고 깊게 도려낸다. 극도로 두꺼운 뒷다리에서 나오는 파괴력도 엄청나다.

46 데이노수쿠스

공룡 정보 ▶몸길이: 약 12m ▶몸무게: 불명확

배틀 기술

물어뜯기	S
꼬리 공격	A
철벽 방어	A

필살기

수중 데스롤

이빨로 문 채 몸통을 비틀어 살을 찢는다.

무는 힘이 엄청난 거대 악어

몸길이가 12m나 되는 초거대 악어이다. 현대의 악어보다 다리가 길며 빠르게 움직일 수 있다. 티라노사우루스를 능가할 만큼 턱의 힘이 강력하다. 물가로 다가오는 상대를 물속으로 끌고 들어가 날카로운 이빨로 목숨을 끊어 버린다. 몸통은 뼈로 만들어진 비늘로 뒤덮여 방어력도 뛰어나다.

2회전

폭포 아래에서 펼쳐지는 치열한 배틀의 결과는?

배틀 13 테리지노사우루스 VS 민미

산속의 커다란 폭포

1 산비탈에서 나무들에 앞길이 가로막힌 테리지노사우루스! 민미는 나무 사이를 파고들며 연속 태클을 시도하는데요!

※민미는 곡룡류 중 가장 작다.

2 머리끝까지 화가 난 테리지노사우루스가 나무를 쓰러뜨리며 거대 발톱을 휘두릅니다! 그때 등 뒤에 숨어 있던 다른 민미 한 마리가 테리지노사우루스에게 기습 태클을 시도하네요!

3
균형을 잃은 테리지노사우루스가 폭포 쪽으로 미끄러지는데요!
그대로 폭포수가 떨어지는 물웅덩이로 빠지고 맙니다.
그아악
※테리지노사우루스의 발톱 길이는 70cm나 된다.
※민미의 배에는 장갑판이 없다.
쑤욱
쑤욱
4
물 위로 머리를 들이밀며 떠오르는 테리지노사우루스!
그 모습을 본 두 마리의 민미가 폭포 위에서 점프합니다!
그러나 땅에 닿기도 전에 테리지노사우루스가 양쪽 앞발 거대 발톱으로 민미의 배를 찌르는군요!
테리지노사우루스의 승리!

2회전

방어에 집중하다 펼치는 역전의 한 방 승부

배틀 14 데이노수쿠스 VS 안킬로사우루스

작은 연못이 있는 깊은 숲속

1

폭우 속, 우거진 숲속에 숨어 있던 데이노수쿠스가 달려듭니다! 하지만 안킬로사우루스의 꼬리 공격 한 방에 그대로 쓰러지고 마는군요!

2

안킬로사우루스는 일어서려는 데이노수쿠스를 머리로 들이받는데요! 큰 타격을 입은 데이노수쿠스는 연못으로 몸을 피하려 합니다.

3
안킬로사우루스가 꼬리를 세차게 휘두르지만,
몸을 낮춘 데이노수쿠스의 머리 위로 스쳐 지나가고 마는데요!
안킬로사우루스는 균형을 잃고 휘청거립니다.
주춤
※안킬로사우루스의 꼬리 망치는 수평으로만 휘두를 수 있다.
※데이노수쿠스의 무는 힘은 티라노사우루스보다 세다고 한다.
콰악
4
반격에 나선 데이노수쿠스! 안킬로사우루스는 방어하려 하지만, 데이노수쿠스가 위에서 덮치며 전력으로 물어뜯어 숨통을 끊어 버리는군요!
데이노수쿠스의 승리!

공룡

47 브라키오사우루스

공룡 정보 ▶몸길이: 약 25m ▶몸무게: 30t 이상

배틀 기술

몸통 공격	A
몸통 누르기	S
꼬리 공격	A

필살기

망치 머리 공격

높은 곳에서 목을 휘둘러 적을 내려친다.

거대 크레인형 초식 공룡

앞다리가 길어 어깨높이가 높다. 목을 치켜들기 쉬운 골격이어서 머리를 들어 올리면 높이가 빌딩 5층에 해당하는 16m에 달한다. 하루에 나뭇잎 200kg을 먹으며 거대한 체격을 유지한다. 머리에는 혹이 있어 목을 흔들어 적을 때리면 크레인에 달린 망치처럼 상대를 박살 낸다.

공룡

48 카르카로돈토사우루스

공룡 정보	▸몸길이: 약 12m	▸몸무게: 약 6t

배틀 기술

물어뜯기	A
몸통 공격	S
몸통 방어	A

필살기

죽음의 물어뜯기

적의 기운이 빠질 때까지 자비 없이 물어뜯는다.

숨통을 끊는 흉악한 이빨을 가진 육식 공룡

백악기 최대급의 육식 공룡이다. 가장 강력한 무기는 이빨이다. 삼각형 모양의 이빨이 톱니처럼 돋아 있어서 백상아리처럼 살점을 도려내는 구조이다. 사냥감이 강력한 턱에서 벗어나더라도 깊은 상처를 입고 대량의 피를 흘려 반격할 힘이 남아나지 않는다. 무적의 사냥꾼이다.

2회전
암흑 속 배틀에서는 착각에 주의
배틀 15 브라키오사우루스 VS 케찰코아틀루스
한밤중 빌딩 공사 현장
1 하늘에서 급강하하던 케찰코아틀루스가 공격 직전 멈춰 섭니다! 거대 타워 크레인을 브라키오사우루스로 착각했군요. 날개가 구조물에 부딪쳐 비행이 불가능해집니다!
※브라키오사우루스의 키는 16m나 된다.
타
악
2 공격도 하지 않았는데 유리해진 브라키오사우루스가 앞다리로 밀쳐 케찰코아틀루스의 자세를 무너뜨리는데요!

3
브라키오사우루스는 앞다리 공격을 이어가지만 움직임이 느립니다. 케찰코아틀루스는 쓰러진 채로 간신히 공격을 피하는군요!
바 둥
바 둥
바 둥
쿵
4
위기에 빠진 케찰코아틀루스가 일어서는 순간, 브라키오사우루스가 머리를 휘두릅니다! 하지만 몸을 일으킨 케찰코아틀루스가 브라키오사우루스의 목을 부리로 찌르는군요!
크 악
푹
케찰코아틀루스의 승리!

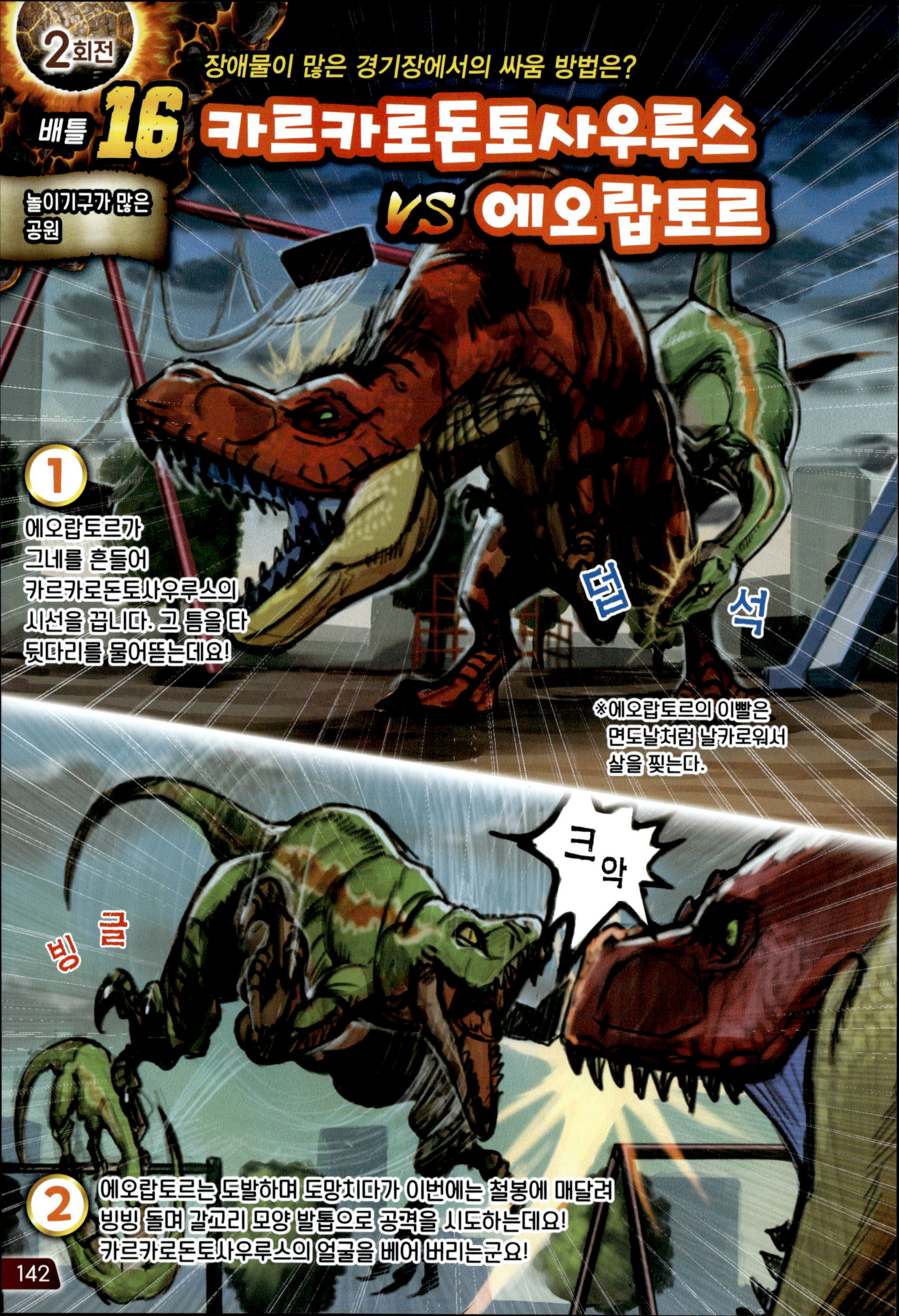
2회전
장애물이 많은 경기장에서의 싸움 방법은?
배틀 16
카르카로돈토사우루스 VS 에오랍토르
놀이기구가 많은 공원
1
에오랍토르가 그네를 흔들어 카르카로돈토사우루스의 시선을 끕니다. 그 틈을 타 뒷다리를 물어뜯는데요!
덥석
※에오랍토르의 이빨은 면도날처럼 날카로워서 살을 찢는다.
크악
빙글
2
에오랍토르는 도발하며 도망치다가 이번에는 철봉에 매달려 빙빙 돌며 갈고리 모양 발톱으로 공격을 시도하는데요! 카르카로돈토사우루스의 얼굴을 베어 버리는군요!

3
에오랍토르가 재빨리 도망치려 하지만,
카르카로돈토사우루스가 꼬리를 휘둘러 넘어뜨립니다!
파 앗
※'카르카로돈토사우루스'는
'상어 이빨을 가진
도마뱀'이라는 뜻이다.
카
악
싹 둑
4
겨우 몸을 일으킨 에오랍토르가 정글짐에 숨으려고
머리를 들이밀지만, 몸통이 끼어 버리는데요!
카르카로돈토사우루스는 무방비가 된 에오랍토르의 꼬리를
날카로운 이빨로 물어 끊어 버립니다!
카르카로돈토사우루스의
승리!

총 16 배틀

2회전 결과 발표

배틀			
배틀 1	알로사우루스	VS	데이노니쿠스
배틀 2	스피노사우루스	VS	템노돈토사우루스
배틀 3	데이노케이루스	VS	헤레라사우루스
배틀 4	아파토사우루스	VS	트리케라톱스
배틀 5	토르보사우루스	VS	타르보사우루스
배틀 6	기가노토사우루스	VS	이구아노돈
배틀 7	모사사우루스	VS	바리오닉스
배틀 8	엘라스모사우루스	VS	프테라노돈
배틀 9	아람보우르기아니아	VS	스테고사우루스
배틀 10	티라노사우루스	VS	사이카니아
배틀 11	아크로칸토사우루스	VS	사우로펠타
배틀 12	아르젠티노사우루스	VS	에오시놉테릭스
배틀 13	테리지노사우루스	VS	민미
배틀 14	데이노수쿠스	VS	안킬로사우루스
배틀 15	브라키오사우루스	VS	케찰코아틀루스
배틀 16	카르카로돈토사우루스	VS	에오랍토르

전투 기술이 빛난 공격과 수비 한판!

2회전 16개 배틀 중 무려 11개 배틀에서 시드로 출전한 생물들이 승리를 차지했다. 한편, 커다란 몸집을 활용해 압도적으로 이긴 경우도 있었지만 배틀 내용은 그다지 풍성하지 못했다. 눈이나 목 등의 급소를 정확히 공격하거나 순간의 빈틈을 노려 반격하는 등 테크닉이 충분히 발휘된 싸움이 눈에 띄었다. 높은 수준의 배틀에서는 주특기와 필살기를 얼마나 효과적으로, 어떤 타이밍에 활용하는지가 중요했다. 3회전에 진출한 실력자들은 체격과 전투 기술을 두루 갖추었다. 눈을 뗄 수 없는 싸움이 예상된다!

배틀 시작!
3회전
총 8 배틀
데이노니쿠스
VS
P146
스피노사우루스
헤레라사우루스
VS
P148
트리케라톱스
토르보사우루스
VS
P150
기가노토사우루스
모사사우루스
VS
P152
프테라노돈
아람보우르기아니아
VS
P156
티라노사우루스
아크로칸토사우루스
VS
P158
아르젠티노사우루스
테리지노사우루스
VS
P160
데이노수쿠스
케찰코아틀루스
VS
P162
카르카로돈토사우루스

3회전

피하고 도망친 결과는 어떻게 될까?

배틀 1 데이노니쿠스 VS 스피노사우루스

통행금지 표지판이 가득한 도로

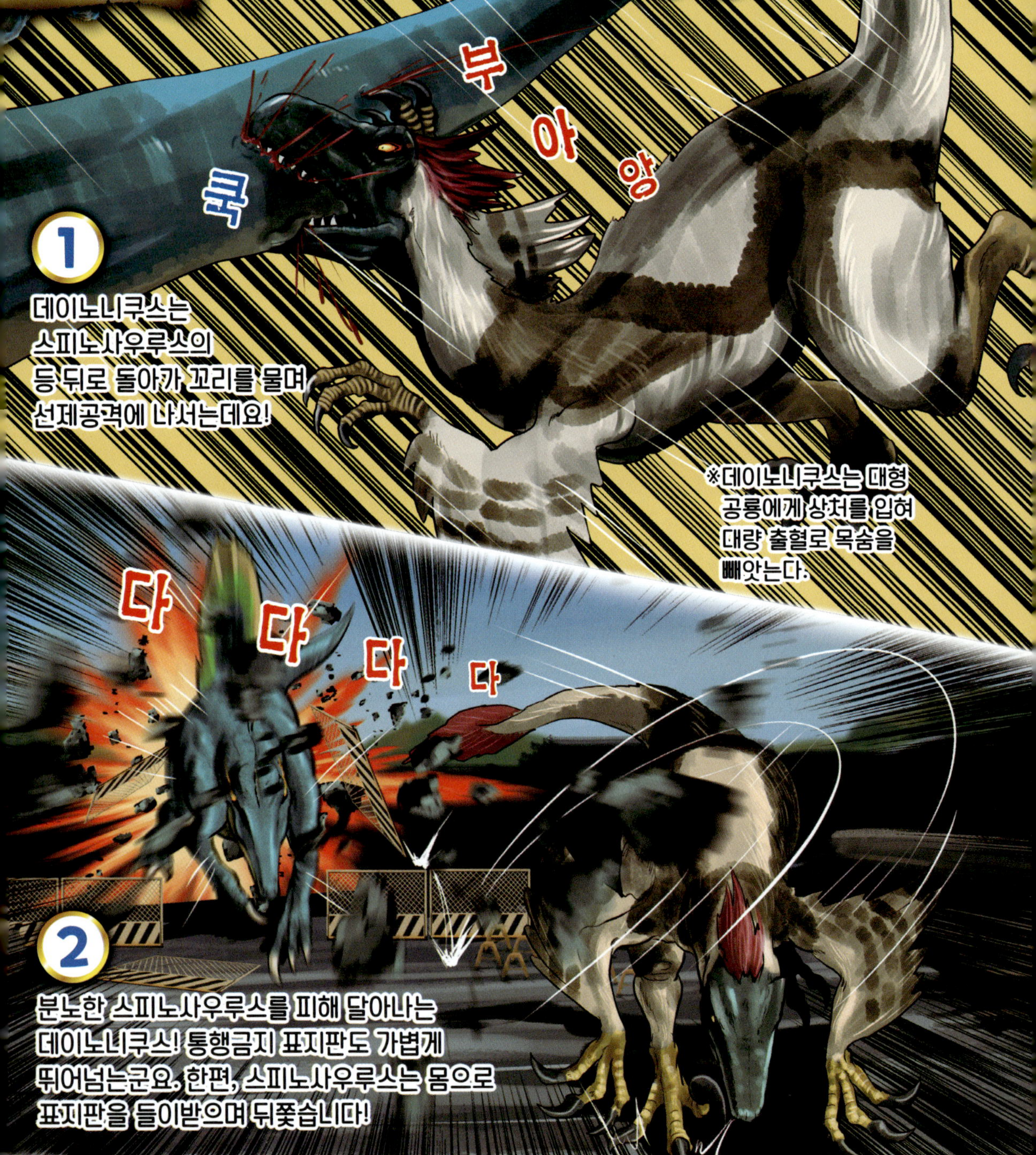

파
아
악
3
그러나 콘크리트 벽에 막혀 더는 나아가지 못하네요. 도망칠 곳을 잃은 데이노니쿠스는 몸을 돌려 스피노사우루스를 향해 돌진하며 뒷발의 갈고리발톱으로 공격합니다!
※스피노사우루스의 돛은 헤엄칠 때 균형을 맞추는 역할 외에도 방어할 때 사용되었다는 설이 있다.
덥
석
4
완전히 제압한 줄 알았지만, 발톱이 찌른 곳은 스피노사우루스의 돛이었군요. 스피노사우루스는 앞발의 갈고리발톱으로 데이노니쿠스를 누른 뒤 물어 버립니다!
스피노사우루스의 승리!

3회전

뿔과 이빨이 맞붙는 격렬한 싸움 한판

배틀 2 헤레라사우루스 VS 트리케라톱스

언덕이 있는 가을 초원

1 나무 뒤에 잠복해 있던 헤레라사우루스가 트리케라톱스 뿔의 밑동을 물어뜯습니다! 트리케라톱스가 몸을 일으키자 헤레라사우루스는 다시 모습을 감추는데요!

※싸우다가 뿔이 부러진 트리케라톱스의 화석도 발견된다.

※헤레라사우루스는 몸의 뼈가 얇고 속이 비어 있어 달리기가 빠르다.

2 트리케라톱스가 초원의 언덕을 오릅니다. 다시 풀숲에서 튀어나온 헤레라사우루스가 고속으로 돌진해 다른 뿔의 밑동을 물어뜯는군요! 하지만 헤레라사우루스의 이빨도 손상을 입고 맙니다!

훌러덩
!
3
이번에는 언덕 위에서 돌진하는 헤레라사우루스!
트리케라톱스는 두 뿔에 부상을 입었지만,
프릴로 받아 내며 뒤로 밀쳐 버리는데요!
콰
악
4
트리케라톱스는 비탈길을 이용해 고속으로 역돌진합니다.
몸을 비틀어 이빨로 뿔을 물어뜯는 헤레라사우루스!
하지만 트리케라톱스의 코에 난 뿔이 헤레라사우루스의
배를 찌르며 승부가 끝나고 마는군요!
트리케라톱스의
승리!

3회전
쥐라기와 백악기의 최강 우승 후보 대결
배틀 3
토르보사우루스
VS
기가노토사우루스
눈 쌓인 숲속
1
배틀이 시작되자마자 서로의 어깨를 물어뜯습니다! 체격이 큰 기가노토사우루스가 서서히 밀어붙이기 시작하는데요!
※토르보사우루스와 기가노토사우루스의 이빨은 칼처럼 날카로우며, 사정없이 물어뜯어 사냥감의 목숨을 끊어 버린다.
2
이번에는 앞다리 발톱으로 공격해 서로에게 큰 상처를 입히는군요!

※기가노토사우루스는 시속 50km로 질주하며, 박치기의 위력도 세다.
쿵
쾅
3
잠시 거리를 둔 뒤 동시에 달려들어 머리로 부딪치는데요!
토르보사우루스는 튕겨 나가 나무에 충돌하고 맙니다.
숨통을 끊으려 재빨리 달려드는 기가노토사우루스!
카
악
쿵
4
쓰러지던 나무가 기가노토사우루스를 덮칩니다!
그러나 먼저 쓰러진 쪽은 토르보사우루스인데요?
기가노토사우루스의 박치기에 의식을 잃고 말았군요!
기가노토사우루스의 승리!

3회전
하늘과 물속에서 서로의 빈틈을 노려라!
배틀 4 모사사우루스 VS 프테라노돈
등대가 있는 컴컴한 바다
빠직
크윽
1
수면으로 올라와 숨을 쉬던 모사사우루스의 머리에서 피가 튑니다! 프테라노돈의 부리 공격에 당하고 말았군요!
※폐 호흡을 하는 모사사우루스는 수면 위로 올라와 호흡한다.
※프테라노돈은 야행성이며 암흑 속에서도 움직일 수 있다.
쿡
2
물속에서 숨을 길게 참을 수 없던 모사사우루스가 위험을 감수하고 다시 호흡하러 떠오릅니다. 프테라노돈은 또다시 부리로 내리꽂는군요!
크악

3
잠시 뒤, 하늘이 갑자기 밝아지며 프테라노돈의 모습이 드러납니다.
등대의 불빛에 발각되고 말았군요!
!!
※기류에 올라타 비행하는 프테라노돈은 방향을 바꾸는 기술이 뛰어나지 않다.
※모사사우루스의 이빨은 바깥과 안쪽, 두 줄로 솟아 있어 먹잇감을 확실히 물 수 있다.
덥석
크악
4
날개가 젖어 급회전하지 못하는 프테라노돈! 그 순간을 노린 모사사우루스가 힘껏 물어 버리네요! 프테라노돈은 사납게 몸부림치지만, 결국 바다로 가라앉고 맙니다.
모사사우루스의 승리!

공룡 무기 탐구 이빨편

01 티라노사우루스

티라노사우루스의 이빨은 뿌리부터 30cm이고 튀어나온 부분도 약 15cm나 된다. 원뿔형 이빨로 한번 물면 뼈까지 으스러뜨릴 수 있다. 더욱이 이빨 가장자리가 톱니 모양이어서 살을 찢어 내는 데에도 적합하다.

바나나처럼 길고 두꺼운 이빨이다. 가장자리는 톱니 모양으로 칼처럼 날카롭다.

02 알로사우루스

입을 크게 벌릴 수 있으며 입안에는 삼각형 모양의 날카로운 이빨이 늘어서 있다. 얇은 칼 모양의 이빨을 사냥감에 찔러 넣고 살을 찢어 상대를 쓰러뜨린다. 라이벌이었던 스테고사우루스도 이러한 이빨에 무너졌다고 한다.

03 스피노사우루스

원뿔형으로 똑바로 뻗은 이빨이 나란히 솟아 있다. 이러한 이빨은 먹잇감인 물고기를 잡는 데 적합하다. 이빨의 개수는 알 수 없으나 2m나 되는 머리에 입이 컸던 것으로 보아 여러 개의 이빨로 물어뜯으면 대형 공룡도 도망칠 수 없었을 것이다.

04 기가노토사우루스

칼처럼 얇고 날카로운 이빨을 가졌다. 뼈를 으깰 정도로 단단한 이빨은 아니었기에 머리를 좌우로 흔들어 사냥감의 살을 찢어 숨통을 끊었다. 카르카로돈토사우루스 등 대형 수각류 중에 비슷한 이빨을 가진 공룡이 많다.

05 모사사우루스

모사사우루스의 이빨은 부러지면 다시 자란다. 원뿔형의 두껍고 날카로운 이빨이 빼곡히 늘어서 있으며 그 안쪽에도 이빨이 있다. 한 번 문 사냥감은 놓치지 않는다.

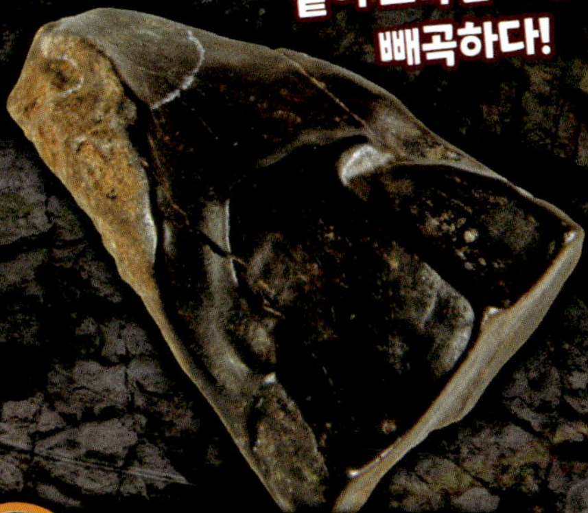

06 트리케라톱스

부리처럼 생긴 입으로 식물을 물어뜯는다. 입안쪽에는 날카로운 이빨이 들어서 있다. 입안의 이빨은 계속 새롭게 자란다. 이빨은 먹이를 먹기 위한 것이지만, 만약 트리케라톱스 입에 손을 집어넣는다면 심각한 부상을 피할 수 없을 것이다.

3회전

승리의 비결은 기술력일까, 힘일까?

배틀 5 아람보우르기아니아 VS 티라노사우루스

고요한 야구 경기장

1 티라노사우루스가 투수 마운드에서 돌진해 옵니다. 그러자 홈 베이스에 서 있던 아람보우르기아니아가 날개를 힘차게 펄럭여 흙먼지를 날리는데요!

※티라노사우루스는 두껍고 단단한 근육이 있어 방어력이 뛰어나다.

2 시야가 막혀 움직이지 못하는 티라노사우루스! 아람보우르기아니아는 부리로 어깨를 공격합니다! 티라노사우루스는 어떻게든 버텨 내는군요.

3
아람보우르기아니아는 쉴 새 없이 부리 공격을 퍼붓습니다.
티라노사우루스도 몸통 공격으로 대항하는데요. 점점 세게 밀어붙이는군요!
콰
당
※티라노사우루스는 두꺼운 꼬리와 강한 뒷다리 근육으로 폭발적인 순발력을 발휘한다.
※아람보우르기아니아는 뼈 속이 비어 있는 구조라 몸이 가볍다.
쿵
카
악
4
아람보우르기아니아가 부리로 티라노사우루스의 등을 찌르지만, 힘에 밀려 철조망에 충돌하고 마는데요! 티라노사우루스는 더욱 세게 밀어붙여 뼈를 으스러뜨리고 맙니다!
티라노사우루스의 승리!

3회전
거대한 몸집의 위기? 좁은 길 위의 대격돌
배틀 6
아크로칸토사우루스
VS
아르젠티노사우루스
빌딩이 늘어선 상점가 도로
쿵
※아크로칸토사우루스는 시속 40km로 질주했다고 한다.
1 아크로칸토사우루스가 아르젠티노사우루스의 뒷다리를 세차게 들이받습니다! 그러나 아르젠티노사우루스의 몸통은 기우뚱할 뿐인데요.
※아르젠티노사우루스의 몸길이는 약 35m다. 2차선 도로의 폭은 약 15m이다.
와장창
2 아르젠티노사우루스가 뒤돌아 대항하려 하지만, 목이 빌딩에 부딪히고 맙니다! 그 충격으로 간판과 유리창이 도로 위로 떨어지는군요.

3
아크로칸토사우루스가 다시 한번 뒷다리 태클을 시도하지만,
아르젠티노사우루스의 꼬리에 가로막히자 작전을 바꿔 꼬리를 물어뜯습니다!
꼬리 스윙을 필사적으로 견디며 물고 늘어지네요!
!!
와그작
※아크로칸토사우루스의 이빨은 날카로우나 얇아서 부러지기 쉽다.
그아아악
털썩
4
아르젠티노사우루스는 몸을 옴짝달싹 못하지만,
곧 아크로칸토사우루스의 기세가 누그러집니다.
이빨이 부러지고 말았군요! 아르젠티노사우루스는
아크로칸토사우루스를 엉덩이로 눌러 버립니다!
아르젠티노사우루스의 승리!

3회전

공룡에게는 너무 좁은 학교 수영장

배틀 7 테리지노사우루스 VS 데이노수쿠스

청소하지 않은
학교 수영장

1

한겨울, 물 색깔이 탁해진 수영장이군요. 갑자기 모습을 드러낸 데이노수쿠스가 수영장 가장자리에서 경계하고 있던 테리지노사우루스의 꼬리를 물어뜯습니다!

2

데이노수쿠스는 테리지노사우루스를 물속으로 끌고 들어가려 하는데요! 테리지노사우루스는 거대한 발톱으로 할퀴며 몸을 빼냅니다! 하지만 꼬리에 큰 상처를 입고 마네요.

※테리지노사우루스의 발톱은 70cm나 되며 강력하다.

3
테리지노사우루스는 공격을 피해 다이빙대로 올라갑니다.
하지만 수면을 박차고 뛰어올라 눈앞에 나타나는 데이노수쿠스!
깜짝 놀란 테리지노사우루스는 미끄러져
수영장으로 떨어지고 마는데요!
미끄덩
타악
쿠욱
4
테리지노사우루스는 이제 끝이라 단념했지만,
10m가 넘는 체격에 비해 수영장의 수심이 얕습니다!
데이노수쿠스가 다시 뛰어올라 물어뜯으려는 순간,
테리지노사우루스는 빈틈을 노려 앞발의 거대 발톱을
깊숙이 찔러 넣는군요!
테리지노사우루스의 승리!

3회전
목숨이 걸린 위기, 굳은 마음으로 돌파하라!
배틀 8
케찰코아틀루스 VS 카르카로돈토사우루스
거대 암석이 늘어선 고원
슈
우
욱
1
바위 위에 잠복하던 카르카로돈토사우루스! 케찰코아틀루스가 급강하해 돌진하는데요! 카르카로돈토사우루스는 간발의 차로 피하지만, 발을 헛디디며 떨어지고 맙니다!
※케찰코아틀루스는 시속 170km로 날았다고 하며 풍압도 엄청났다.
부
우
웅
2
다행히 풀밭에 떨어져 충격은 줄었지만, 온몸에 상처를 입어 몸을 가누기 어려운데요! 케찰코아틀루스가 다시 돌진해 옵니다!

3
긴박한 순간, 카르카로돈토사우루스는 몸을 비틀어 공격을 피하고
케찰코아틀루스의 날개를 물어뜯는데요!
덥석
※카르카로돈토사우루스의 이빨은 백상아리처럼 뾰족하고 날카롭다.
※카르카로돈토사우루스의 두개골은 티라노사우루스보다 크다.
콰당
크엑
4
거대한 몸으로 다시 들이받는 케찰코아틀루스!
카르카로돈토사우루스는 남은 힘을 끌어모아
몸을 일으키더니 정면에서 받아칩니다!
카르카로돈토사우루스의 승리!

총 8 배틀

3회전 결과 발표

배틀 1

데이노니쿠스 VS 스피노사우루스

배틀 2

헤레라사우루스 VS 트리케라톱스

배틀 3

토르보사우루스 VS 기가노토사우루스

배틀 4

모사사우루스 VS 프테라노돈

배틀 5

아람보우르기아니아 VS 티라노사우루스

배틀 6

아크로칸토사우루스 VS 아르젠티노사우루스

배틀 7

테리지노사우루스 VS 데이노수쿠스

배틀 8

케찰코아틀루스 VS 카르카로돈토사우루스

불리한 상황에서 역전하는 명승부가 이어졌다!

시드 없이 참가해 유일하게 살아남은 공룡은 뿔 공격이 빛난 트리케라톱스뿐이었다. 시드를 배정받아 출전한 대형 공룡의 활약이 눈에 띄었다. 모든 배틀에서 주도권을 먼저 잡은 쪽이 오히려 패배했다. 치고 빠지는 작전으로 장기전에 돌입한 배틀도 많았다. 그러나 결국 힘과 기술을 두루 갖춘 대형 공룡이 승리를 거뒀다. 도망치지 못하게 상대를 발톱으로 움켜잡은 스피노사우루스의 작전은 완벽했다. 8강에 오른 공룡들은 모두 강력한 필살기를 지닌 강자들이다. 이들의 치열한 싸움에서 눈을 뗄 수 없다!

준준결승 & 준결승
스피노사우루스
트리케라톱스
P168
기가노토사우루스
모사사우루스
P170
티라노사우루스
아르젠티노
사우루스
P172
테리지노사우루스
카르카로돈토
사우루스
P174

준준결승 & 준결승 대진표

바다와 육지에서 날뛰는 폭군

스피노사우루스

3개의 뿔로 초강력 돌진

트리케라톱스

몸통을 찢는 이빨 공격

기가노토사우루스

수중 왕자의 강력한 한 방

모사사우루스

베스트 8이

승리한 8종 생물이

결승 진출

준결승

토너먼트의 관전 포인트

스피노사우루스와 기가노토사우루스는 전투 기술로 승부한다! 각자의 상대인 트리케라톱스는 뿔로 밀어붙이고, 모사사우루스는 강력한 물어뜯기 한 방을 노린다!

모이다!

최강왕을 노리다!

결승 진출

준결승

뼈까지 으스러뜨리는 강력한 턱

티라노사우루스

거대한 몸집으로 모조리 파괴

아르젠티노사우루스

거대한 발톱으로 연속 공격

테리지노사우루스

피를 부르는 칼날 이빨

카르카로돈토사우루스

토너먼트의 관전 포인트

전투력이 뛰어난 티라노사우루스와 카르카로돈토사우루스의 대결이다. 아르젠티노사우루스는 거대한 몸집으로, 테리지노사우루스는 거대한 발톱으로 서로에게 반격할 수 있을지 눈여겨보자!

준준결승
1
10t이 넘는 거대 몸집으로 건물을 파괴하는 대격돌
스피노사우루스
VS
트리케라톱스
폭우가 쏟아지는
공장 폐허
1
트리케라톱스가 사납게 돌진합니다.
스피노사우루스는 여러 차례 꼬리로
튕겨 내는데요!
※스피노사우루스의 앞발
발톱은 구부러져서
찌르면 빼기 어렵다.
쿠
우
욱
2
스피노사우루스가 지치기
시작하는군요. 이번에는
트리케라톱스가 정면에서
들이받는데요! 스피노사우루스는
상체를 일으켜 앞발 발톱으로
견제하며 밀어붙입니다!

3
트리케라톱스의 뿔이 스피노사우루스의 목을 찌르지만,
깊숙이 박히지는 않네요. 스피노사우루스가 옴짝달싹 못하자,
트리케라톱스는 목을 늘려 뿔을 더 깊이 밀어 넣습니다!
켁
푹
※트리케라톱스의 2개의 뿔은
1m나 된다. 목은 유연하게
움직이는 구조로 이루어졌다.
※트리케라톱스의 휘어진
다리는 관절이 똑바로
펴지면 탈골되었을 것으로
추측한다.
덥
석
4
승부가 끝나는 줄 알았지만, 갑자기 트리케라톱스가
주저앉습니다! 스피노사우루스의 거대한 몸통에 깔려
다리 관절이 탈골되고 말았군요. 스피노사우루스는
트리케라톱스를 물어뜯으며 숨통을 끊어 버립니다!
스피노사우루스의
승리!

준준결승 2

강풍과 높은 파도로 거칠어진 바다

바다? 육지? 장소에 따른 싸움 전략이 승패를 가른다!

기가노토사우루스 VS 모사사우루스

①

몸의 절반이 물속에 잠겨 있던
기가노토사우루스가 모사사우루스를 발견하자
육지 쪽으로 필사적으로 달려가는데요.
모사사우루스는 유유히 헤엄쳐 물가에 다다르는군요.
기가노토사우루스는 꼬리를 휘둘러
간신히 저항할 뿐입니다.

※모사사우루스의 수영 실력은
연구에서도 의견이 나뉘지만,
상어처럼 빠르지는 못했다.

②

육지로 빠져나갈 수도 있었지만,
기가노토사우루스는 바닷속 전투를
선택합니다. 모사사우루스가 기가노토사우루스의
뒷다리를 물어뜯는군요! 수심이 얕아 모사사우루스의 등이
수면 위로 드러난 상황인데요!

3 그 순간, 모사사우루스의 턱 힘이 약해집니다. 몸통이 바위 사이에 끼어 자세가 무너졌는데요. 기가노토사우루스의 유인 작전이 통했군요! 기가노토사우루스는 연속으로 물어뜯기 공격을 퍼붓습니다.

※기가노토사우루스는 사냥감을 이빨로 찌르고 목을 흔들어 살을 찢는다.

※모사사우루스의 이빨은 바깥쪽과 안쪽 두 줄로 나 있어 사냥감을 놓치지 않는다.

4 온몸이 상처투성이가 된 모사사우루스! 그 순간 큰 파도가 몰아쳐 바위에서 빠져나옵니다. 모사사우루스가 목을 물자, 기가노토사우루스는 육지로 도망치려 하는데요! 하지만 금세 기운이 빠지고 맙니다.

준준결승 3

빙벽에 둘러싸인 길

체격 차이를 머리로 극복할 수 있을까?

티라노사우루스 VS 아르젠티노사우루스

1

아르젠티노사우루스가 높이 약 10m의 빙벽으로 둘러싸인 길을 지나갑니다. 티라노사우루스가 갑자기 빙벽 위에서 뛰어내려 몸통으로 들이받는데요!

※아르젠티노사우루스의 몸통 높이는 약 8m이다.

2

티라노사우루스는 거대한 몸통에 튕겨 나가 바닥에 나동그라집니다! 그러나 두터운 눈 위에 떨어져 최소한의 충격에 그치고 마는군요.

3
곧바로 아르젠티노사우루스가 물어뜯으려 하지만,
티라노사우루스는 재빨리 피합니다. 다시 목을 크게 휘두르며
아르젠티노사우루스의 머리가 다가오는데요!
그아악
※티라노사우루스는 장시간
고속 질주는 어렵지만,
발달한 뒷다리 근육 덕분에
순발력이 뛰어나다.
※티라노사우루스의 머리 크기는 1.5m로
가로 폭이 크다. 아르젠티노사우루스는
거대한 체구에 비해 머리가 작다.
우우웅
휘잉
파악
4
도망칠 곳이 없는 티라노사우루스! 커다란 머리를 들이대
봅니다. 두 공룡의 머리끼리 충돌하는데요! 작은 머리 탓에
충격에 취약한 아르젠티노사우루스가 기절하고 마네요.
티라노사우루스의
승리!

준준결승
4
산속의 물이 들어찬 논
긴 발톱과 짧은 발톱의 대결, 승리자는?
테리지노사우루스
VS
카르카로돈토사우루스
촤
악
※테리지노사우루스의 앞다리는 2m 이상이며 발톱 길이는 70cm 이상이다.
1 풀숲에서 나타난 테리지노사우루스가 발톱으로 카르카로돈토사우루스의 등에 깊은 상처를 냅니다!
※테리지노사우루스는 무리 지어 행동한다.
2 예상치 못한 공격에 카르카로돈토사우루스가 논으로 미끄러지는데요! 머리를 들자 맞은 편에 또 다른 테리지노사우루스가 보입니다. 테리지노사우루스는 발톱으로 카운터 펀치를 날리는군요!

3
그러나 큰 타격을 입지 않은 카르카로돈토사우루스는
앞 발톱으로 테리지노사우루스를 찔러 논으로 떨어뜨립니다!
이때 다른 테리지노사우루스가 등 뒤로 다가오는군요!
그아악
파직
※카르카로돈토사우루스의
앞다리는 성인 인간 정도로
짧지만, 발톱이 발달했다.
휘청
!?
!!
털썩
4
위험을 감지한 카르카로돈토사우루스가 재빨리
몸을 비틀어 기습을 피합니다! 그러자 균형을 잃은
테리지노사우루스끼리 서로 부딪쳐 쓰러지고 마는군요.
카르카로돈토사우루스의
승리!

공룡 무기 탐구 발톱편

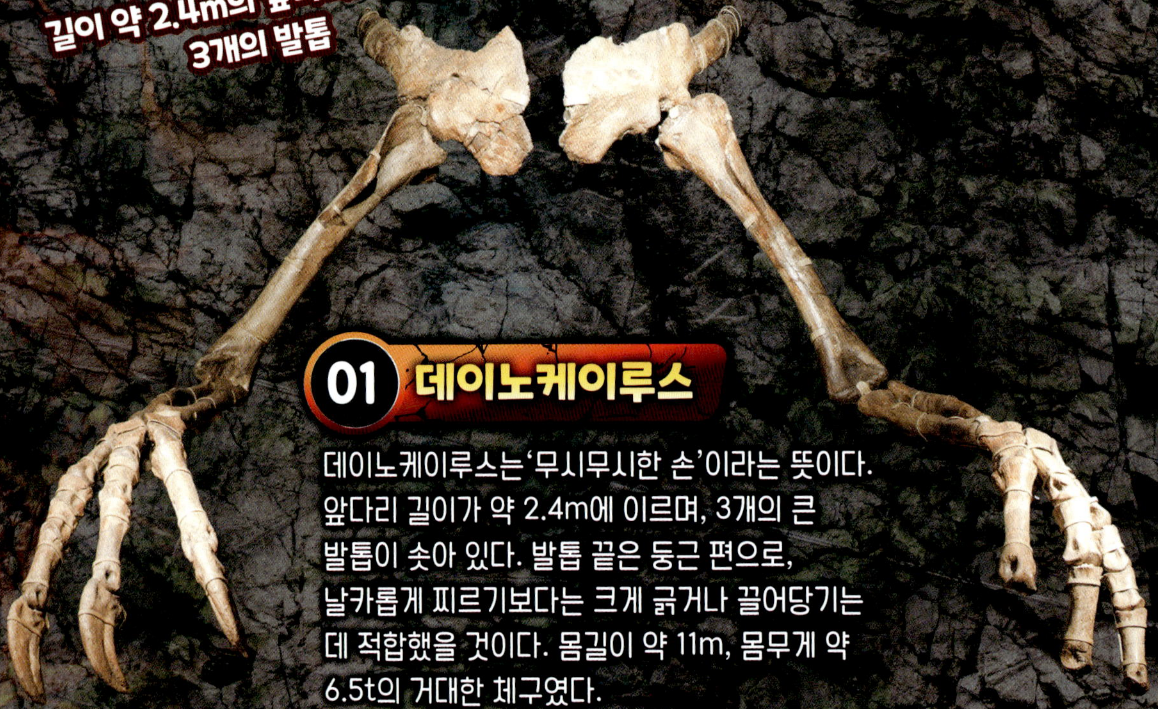

01 데이노케이루스

데이노케이루스는'무시무시한 손'이라는 뜻이다. 앞다리 길이가 약 2.4m에 이르며, 3개의 큰 발톱이 솟아 있다. 발톱 끝은 둥근 편으로, 날카롭게 찌르기보다는 크게 긁거나 끌어당기는 데 적합했을 것이다. 몸길이 약 11m, 몸무게 약 6.5t의 거대한 체구였다.

02 바리오닉스

바리오닉스는 '무거운 발톱'이라는 뜻이다. 3개 중 1개는 구부러진 모양으로, 사냥감의 몸통에 발톱을 찔러 넣으면 빠지지 않는 구조이다. 약 25cm인 발톱은 물고기뿐만 아니라, 대형 공룡도 단 한 방으로 치명상을 입힐 수 있는 크기이다.

03 테리지노사우루스

끝이 뾰족한 70cm의 발톱이 있다. 길이가 1m라고 하는 연구자도 있다. 2m에 이르는 앞다리로 멀리서도 공격할 수 있다. 전투 외에도 높은 곳의 나뭇잎을 따거나 흙을 파서 땅속 생물을 사냥하기도 한다.

04 데이노니쿠스

뒷다리에 있는 발톱 중 2개는 지면을 찍으며 달리기 위해 아래를 향해 있고, 다른 1개는 발차기 공격할 때 위를 향한다. 사냥감의 복부나 목 등 급소를 노려 살을 찢었을 것이다.

05 벨로키랍토르

뒷발의 갈고리발톱은 데이노니쿠스처럼 위를 향하고 있다. 앞발의 발톱은 찌를 때뿐만 아니라 사냥감을 잡을 때도 사용했을 것이다. 몸길이 2m라는 작은 체구 덕분에 동작이 날렵해 점프하며 찌르는 발톱 공격이 강력했다.

06 이구아노돈

보통은 네 발로 걷지만, 위협을 느끼면 강인한 뒷다리로 일어나 앞다리로 반격한다. 최강 무기는 날카롭고 뾰족한 엄지발톱이다. 화석이 발굴되어 연구가 진행되기 전에는 이 발톱이 뿔이라고 착각했다. 다른 4개의 발가락보다 거대했기 때문이다.

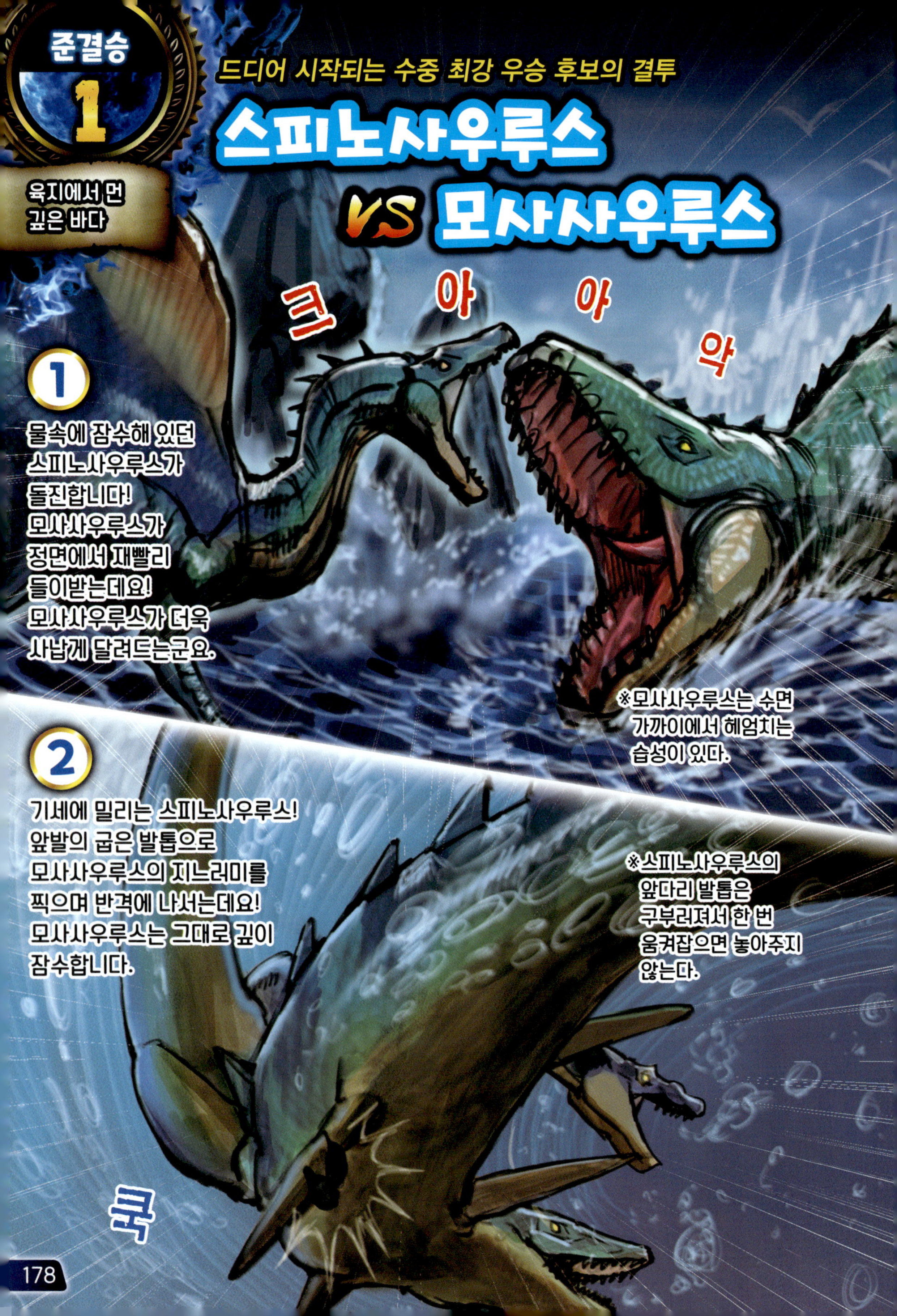
준결승 1
육지에서 먼 깊은 바다
드디어 시작되는 수중 최강 우승 후보의 결투
스피노사우루스 VS 모사사우루스
크아아악
1
물속에 잠수해 있던 스피노사우루스가 돌진합니다! 모사사우루스가 정면에서 재빨리 들이받는데요! 모사사우루스가 더욱 사납게 달려드는군요.
※모사사우루스는 수면 가까이에서 헤엄치는 습성이 있다.
2
기세에 밀리는 스피노사우루스! 앞발의 굽은 발톱으로 모사사우루스의 지느러미를 찍으며 반격에 나서는데요! 모사사우루스는 그대로 깊이 잠수합니다.
※스피노사우루스의 앞다리 발톱은 구부러져서 한 번 움켜잡으면 놓아주지 않는다.
콱

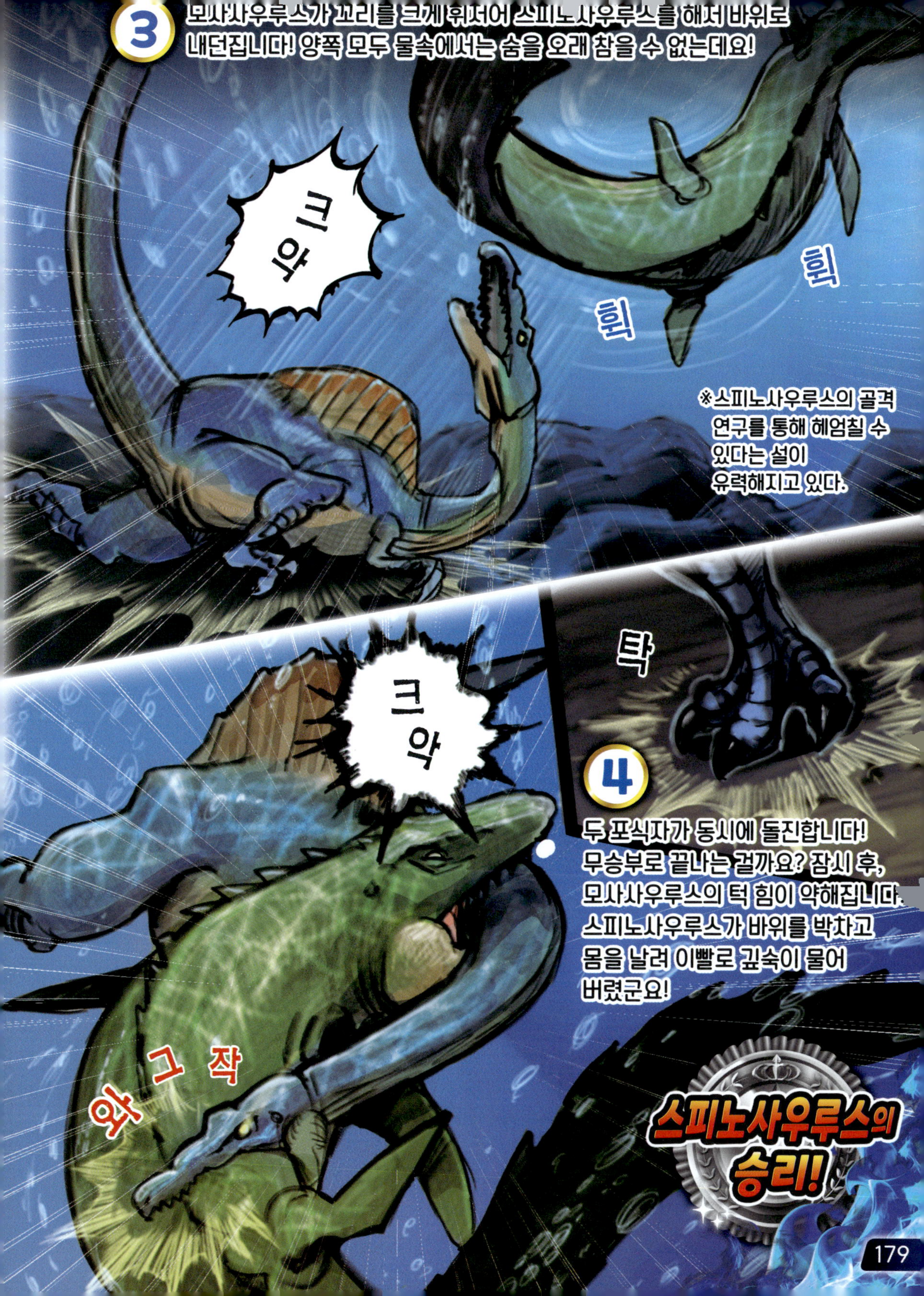
3
모사사우루스가 꼬리를 크게 휘저어 스피노사우루스를 해저 바위로 내던집니다! 양쪽 모두 물속에서는 숨을 오래 참을 수 없는데요!
크악
휙
휙
※스피노사우루스의 골격 연구를 통해 헤엄칠 수 있다는 설이 유력해지고 있다.
탁
크악
4
두 포식자가 동시에 돌진합니다! 무승부로 끝나는 걸까요? 잠시 후, 모사사우루스의 턱 힘이 약해집니다. 스피노사우루스가 바위를 박차고 몸을 날려 이빨로 깊숙이 물어 버렸군요!
와그작
스피노사우루스의 승리!

준결승 2

공룡이 가장 번성한 시대의 최강자 격돌

티라노사우루스 VS 카르카로돈토사우루스

가스가 자욱한 화산

1 바위 그늘에 숨어 있던 티라노사우루스가 달려듭니다! 카르카로돈토사우루스는 공격을 피하지 못하는군요.

※카르카로돈토사우루스의 이빨은 톱니처럼 뾰족해 살을 찢는다.

※티라노사우루스의 이빨은 원뿔형이며 턱 힘으로 깊숙이 물 수 있다.

2 티라노사우루스의 이빨이 파고듭니다! 반격하는 카르카로돈토사우루스도 목을 비틀어 물어뜯는데요. 양쪽 모두 피투성이가 되고 맙니다!

3 위험을 느낀 카르카로돈토사우루스는 일단 거리를 둡니다. 가스로 시야가 가로막힌 사이, 분화구 반대쪽으로 이동하는군요. 시간을 끌어 티라노사우루스의 출혈과 피로를 유도하려는 작전인가 봅니다.

4 얼마 지나지 않아 티라노사우루스가 모습을 드러냅니다. 양쪽 모두 지쳤지만, 온 힘을 다해 서로를 물어뜯습니다! 팽팽한 대치가 이어졌지만, 턱의 힘 대결에서는 티라노사우루스가 상대를 압도하는군요.

총 6 배틀

준준결승 & 준결승 결과 발표

준준결승 ①

스피노사우루스
VS 트리케라톱스

준준결승 ③

티라노사우루스
VS 아르젠티노사우루스

준준결승 ②

기가노토사우루스
VS **모사사우루스**

준준결승 ④

테리지노사우루스 VS
카르카로돈토사우루스

준결승 ①

스피노사우루스
VS
모사사우루스

준결승 ②

티라노사우루스
VS
카르카로돈토사우루스

악조건에서 빛난 순발력!

준결승에 오른 스피노사우루스, 모사사우루스, 티라노사우루스, 카르카로돈토사우루스는 큰 타격을 입었지만 막판에 승리를 거머쥐었다. 황무지와 암석 지대, 눈길과 논밭 등 발을 딛기 어려운 경기장에서 역전할 수 있었던 것은 뛰어난 순발력 덕분이다. 평소에는 특히 빠르지 않지만, 순간 속도는 폭발적이었다. 준결승에서 티라노사우루스와 카르카로돈토사우루스는 비슷한 유형끼리 격돌했다. 턱의 힘이 승부를 갈랐지만, 차이는 근소했다. 결승전에서는 '최강'으로 꼽히는 두 공룡이 격돌한다. 드디어 지구 역사상 최강 생물이 결정된다!

정상을 노려라!
결승전

정상이 바로 눈앞이다!

참가자 분석 & 관전 포인트

스피노사우루스

물속과 육지에서 전투 가능! 상대를 꼼짝 못 하게 물어 날카로운 이빨로 숨통을 끊는다!

능력	
5	공격력
4	방어력
4	체력
3	스피드
4	기술력

종합 능력 20

몸길이 ▶ 약 15m

몸무게 ▶ 10t 이상

육식 공룡 중 최대급! 강인한 몸으로 최강자임을 증명할 수 있을까?

이제까지 배틀 결과

회전	상대	내용
1회전		시드 출전으로 배틀 통과
2회전	VS 템노돈토사우루스	육지에서 물속으로 뛰어들어 발톱으로 상대의 눈을 찌르고 이빨로 목을 공격했다.
3회전	VS 데이노니쿠스	상대의 민첩한 움직임에 어려움을 겪었지만, 발톱과 거대한 몸집으로 밀어붙여 제압했다.
준준결승	VS 트리케라톱스	발톱 공격에 상처를 입었지만, 집념의 물어뜯기로 돌파했다.
준결승	VS 모사사우루스	수중 배틀이 펼쳐졌다. 바위를 발로 차며 속도를 높여 물어뜯기의 위력을 키웠다.

승리를 이끈 필살기는 갈고리발톱과 물어뜯기!

수각류 중에서도 드물게 물속 활동에 적응했다. 템노돈토사우루스와 모사사우루스와의 대결에서도 물속에서 승부를 결정지었다. 움직임은 그다지 빠르지 않지만, 민첩한 상대에게는 찌르면 빠지지 않는 갈고리발톱으로 움직임을 차단하고 거대한 몸집으로 눌러 세게 물어뜯는 전략으로 상대를 무너뜨렸다. 결승 상대인 티라노사우루스를 한 방에 제압하기는 어렵다. 상대에게 타격을 입히면서 기회를 노려 필살기를 발휘하는 순발력이 필요하다.

압도적인 공격력으로 올라온 두 생물의 전투력은 우열을 가리기 어렵다. 공룡 시대의 사냥 기술을 배틀에서도 활용했다. 결승전은 작은 무인도에서 치러진다. 바다와 육지 중 어디에서 승패가 갈릴까?

티라노사우루스

지치지 않는 체력으로 밀어붙인다! 순간의 빈틈을 노려 초강력 물어뜯기로 돌파한다!

무적에 가까운 압도적인 공격력이 마지막까지 이어질까?

비교	
공격력	5
방어력	4
체력	5
스피드	4
기술력	4

종합 능력 22

몸길이 ▶ 약 12m

몸무게 ▶ 약 6t

이제까지 배틀 결과

1회전		시드 출전으로 배틀 통과
2회전	VS 사이카니아	갑옷처럼 단단한 상대의 몸통이 강력했지만, 긴 이빨로 제압했다.
3회전	VS 아람보우르기아니아	거대한 부리 공격을 무서워하지 않고 정면 승부로 상대를 격파했다.
준준결승	VS 아르젠티노사우루스	상대가 머리를 숙인 순간 빈틈을 노려 박치기로 쓰러뜨렸다.
준결승	VS 카르카로돈토사우루스	양쪽 어깨에 상처를 입었지만, 포기하지 않고 물어뜯어 상대를 무너뜨렸다.

초강력 물어뜯기는 단연코 최강 무기!

강인한 턱의 힘과 길고 두꺼운 이빨이 최대 무기이다. 전력을 다한 물어뜯기로 갑옷처럼 딱딱한 몸통의 사이카니아와 강인한 몸집을 지닌 카르카로돈토사우루스도 무너뜨렸다. 게다가 발달한 뒷다리 덕분에 폭발적인 순발력을 발휘한다. 순간 가속으로 몸통으로 밀치거나 물어뜯기의 위력을 더해 상대를 쓰러뜨린다. 결승 상대인 스피노사우루스보다 체격은 작고, 수중에서는 불리하다. 자신의 능력을 최대한 발휘할 수 있는 지형에서 주도권을 잡을 수 있을지가 승리의 열쇠이다.

결승전
지구 역사상 최강 생물이 드디어 맞붙다!
스피노사우루스 VS 티라노사우루스
바다 가운데 작은 섬
※스피노사우루스는 꼬리를 흔들어 헤엄칠 수 있다.
첨벙
첨벙
덥석
1
티라노사우루스가 얕은 바다에서 싸움을 걸지만, 스피노사우루스가 재빨리 티라노사우루스의 다리를 물어뜯습니다! 물속으로 끌려 들어갈 뻔한 티라노사우루스는 필사적으로 도망치는데요!
※티라노사우루스의 꼬리는 근육이 발달해서 강력하다.
휘릭
2
간신히 육지 가장자리로 올라선 티라노사우루스! 육지로 도망치는 것을 막으려 스피노사우루스가 달려들지만, 티라노사우루스는 꼬리를 세차게 휘둘러 견제합니다!

3
서로 공격 기회를 노리며 일정 거리를 둔 채 천천히 움직이는데요! 다리에 상처를 입은 티라노사우루스는 속도가 떨어집니다.
다
다
다
※스피노사우루스는 육지에서 네 발로 걸어 다녀 이동 속도가 느린 편이다.
쿠
웅
4
순간의 빈틈을 파고드는 티라노사우루스! 정면에서 돌진합니다! 스피노사우루스는 앞발의 발톱으로 티라노사우루스의 어깨와 입을 찌르는군요!

우지끈
우지끈
5
양쪽 모두 굴러떨어져 나무에
부딪쳐 쓰러집니다!
둘 다 큰 타격을 입은 모양인데요!
시합을 이어갈 수 있는 걸까요?

하악
하악
하악
하악
6
해가 지고 있습니다. 둘 다 몸을 일으키는데요.
서로를 노려보며 상대의 빈틈을 살피는군요.
체력이 떨어져 다음이 마지막 공격일 것 같습니다.

7
숨을 천천히 내뱉던
티라노사우루스가 돌진해
물어뜯습니다!
스피노사우루스도 머리로
들이받는데요!
쿠
앙
와그작
8
티라노사우루스의 입안으로 머리를 억지로 집어넣는
스피노사우루스! 티라노사우루스는 필사적으로 머리를
으스러뜨리려 하지만, 승리를 한 발짝 남겨 두고
무너지고 맙니다! 긴 시간 싸움 끝에 턱의 힘과 체력이
남아 있지 못한 모양이군요!
스피노사우루스의
승리!

최종 결과 발표

우승

스피노사우루스

근거리 전에 강한 발톱과 물어뜯기!

물속과 육지에서 부상을 감수하고 접근해 앞발의 굽은 발톱으로 상대를 단단히 붙잡아 움직임을 봉쇄한다. 티라노사우루스와의 체력 승부에서도 승리했다!

준우승

티라노사우루스

초강력 물어뜯기로 돌파!

순간 가속이 뛰어나며 몸통의 힘으로 압도한다. 어려운 싸움에서도 마지막에는 강한 턱과 날카로운 이빨로 승부를 결정짓는다.

3위

모사사우루스

입으로 무는 힘은 해양 생물 중 최고!

3위

카르카로돈토사우루스

강력한 턱으로 적을 씹어 무너뜨린다!